BROT UND SPIELE

DER KURZGESCHICHTENVERLAG

…Nam qui dabat olim imperium, fasces, legiones, omnia, nunc se continet atque duas tantum res anxius optat: panem et circenses.

– Juvenal, Satura X, Versus 78-81

Ernst Kaufmann

VOM RAND DER VERNUNFT

Erzählungen

Bundesministerium
Kunst, Kultur,
öffentlicher Dienst und Sport

Stadt
Wien | Kultur

Gedruckt mit der freundlichen Unterstützung des Bundesministeriums für Kunst, Kultur, öffentlichen Dienst und Sport sowie der Kulturabteilung der Stadt Wien (MA 7), Abteilung Literatur.

Umschlaggestaltung: Ernst Kaufmann
Korrektorat: Rosemarie Fürst
Lektorat: Max Haberich
Satz: Anna Fercher
Druck und Bindung: CPI, Leck
ISBN: 978-3-903406-20-9

www.brotundspieleverlag.net

Die Geschichten erzählen von liebenswerten Menschen, die am Rande der Vernunft leben – unmittelbar in ihren Emotionen, konsequent in ihren irrationalen Zielen und selbstbewusst in ihrer Schwäche.

Geschöpfe, die wir gerne ausgrenzen und in psychiatrische Einrichtungen abschieben, weil sie nicht den üblichen Normen einer modernen Gesellschaft entsprechen.

In unserer eigenen Hilflosigkeit versagen wir ihnen damit das Stück Geborgenheit, das nötig wäre, damit auch sie sich in ihrem Leben zurechtfinden.

Ihnen sei dieses Buch gewidmet.

E K
Mai 2023

Wenn jemand sagt:
»Eine Stimme spricht zu mir«,
ist er entweder ein Heiliger
oder ein Patient.

Inhalt

Die erste Nacht

In den Gängen des psychiatrischen Krankenhauses war es dunkel. Nur oberhalb der Kreuzungen mit den Stiegenhäusern und oberhalb des Eingangs zum Speisesaal brannten nachts Neonleuchten, die ein seltsam irreales Licht auf den grau gesprenkelten Steinboden warfen.

Der schwedische Film *Nachtwache* fiel Tom ein, als er, von lauten Rufen aufgeschreckt, zum unteren Ende des schier endlosen Hauptganges lief. Die Geräusche verdichteten sich am Ende des Flurs und noch bevor Tom beim Seitengang war, konnte er aus diesem aufgeregte Stimmen verstehen.

»Toni, Toni mach auf!«, rief ein Mann und hämmerte dazu wie wild an eine Tür, die offenbar versperrt war. »Er muss da drinnen sein, er ist ja sonst nirgends zu finden!«

»Da Anton, da Anton, der gibt kan Ton, gibt gar kan Ton ...«, sang eine Frau mit Fistelstimme zu einer disharmonischen Melodie dazwischen.

Tom rannte um die Ecke und rief: »Was ist denn los?«

Seine Stimme hallte im sonst leeren Gang überlaut zurück, was eine momentane und absolute Stille zur Folge hatte. Die drei Männer und eine ältere Frau, die den Mund vom letzten gesungenen Ton noch offenhielt, drehten sich ihm abrupt zu und starrten ihn an. Auch Tom erschrak im ersten Moment, als er plötzlich den vier Gestalten im Nachtgewand gegenüberstand. Er war neu in der Abteilung, hatte eben seinen ersten Nachtdienst angetreten und kannte noch keines der Gesichter.

Der große, ungeschlachte Mann, der etwas seitlich stand, hob wie in Zeitlupe seine schaufelartig große Hand beschwörend in Richtung der verschlossenen Tür der Kammer, in der die Putzutensilien verstaut waren.

»Nix mehr«, sagte er dazu mit der eigenartig hohen Stimme eines Kindes, »nix mehr vom Toni ...«

Der kleine, etwa vierzigjährige Patient, der zuerst an die Türe gehämmert hatte, löste sich aus der Gruppe und machte einen Schritt auf Tom zu.

»Gestatten Sie, Paul«, sagte er und machte einen unmerklichen Diener dazu. »Paul, heiße ich.«

»Herr Anton, machen S' doch auf!« Tom rüttelte an der Türklinke – versperrt. Er wusste weder, ob der Patient Anton hieß, noch, ob er überhaupt in der Besenkammer war. Er holte seinen Zentralschlüssel vom Bund, sperrte auf und drückte energisch auf die Klinke.

Durch die Öffnung fiel nun etwas Licht in den sonst völlig schwarzen Raum. Sofort drängten sich die vier Patienten zur Türe und steckten ihre Köpfe in den Raum. Die Szenerie, die sich ihnen bot, wirkte unheimlich, fast gespenstisch.

Als erstes fing sich die dickliche, ältere Frau, die vorher gesungen hatte. Sie lachte kurz und schrill auf. »Da Anton, der gibt kan Ton.« Dabei gingen ihre Augen rasch hin und her und sie leckte sich die Lippen.

In dem schmalen Lichtstreifen lag ein Stuhl, daneben stand ein alter, ausgetretener Pantoffel. Knapp darüber baumelten die nackten Füße eines Mannes, auf einem hing noch der zweite Pantoffel.

»Ich hab's euch gesagt. Er war nicht am Klo vorm Bettgehen«, brach Paul das Schweigen und auch seine Stimme war jetzt voll Entsetzen.

Der Riese mit den Schaufelhänden nahm den jungen Mann, der die ganze Zeit als vierter still dabeigestanden hatte, an der Schulter und zog ihn auf den Gang hinaus.

»Nix schauen«, sagte er dabei mit seiner Kinderstimme. »Nix gut für Seele ...«

Tom griff an die Beine des Hängenden, sie waren eiskalt und auch der Blick nach oben in die offenen, trüben Augen ließ keine Zweifel offen – der Mann war tot.

»Sind sie kalt, sind sie kalt?« Die schrille Stimme der Frau überschlug sich fast.

»Bitte gehen Sie in Ihre Zimmer, ich rufe den Arzt und die Polizei«, sagte Tom und versuchte gleichzeitig einen aufsteigenden Ekel zu bekämpfen.

»Gestatten Sie, Paul«, sagte Paul und streckte ihm nochmals die Hand hin. »Paul, heiße ich.«

»Ja, schon gut.« Er schob Paul und die Frau ebenfalls zur Türe hinaus.

»Aufg'hängt, mein Gott aufg'hängt hat er sich«, jammerte Paul beim Weggehen mit weinerlichem Ton vor sich hin. »Dabei hätt' er bald nach Hause gehen können.«

»Der Himmelvater war's«, sagte die Frau.

»Aber ich hab' es gewusst, ich hab's euch immer gesagt – er hat Angst g'habt vor dem Draußen.«

»Der Himmelvater war's, hab' ich g'sagt, hörst du nicht?«

»Lass mich in Ruhe.«

»Ach so, der Herr will's nicht wissen. Der Herr glaubt wohl an gar nichts.« Die Frau begann trotz ihrer Leibesfülle hin und her zu tänzeln. »Kalt ist er, der Anton, und gibt keinen Ton ...«

»Jetzt halt einmal deine beschissene Goschen!« Paul war ansatzlos in einen herrischen, überlauten Ton verfallen. »Sonst häng' ich dich daneben.«

Die Stimmen verschwanden im Korridor. Tom rief über sein Diensthandy den diensthabenden Arzt und ersuchte ihn, auch die Behörden zu verständigen. Dann stellte er den Stuhl auf und blickte an dem Erhängten hinauf.

Er war Toms erster Toter, der ihn so unmittelbar traf. Nicht einmal seinen Großvater, der vor drei Jahren verstorben war, hatte er sich im Sterbezimmer angesehen. Und nun hatte ihn ein Unbekannter überrascht, dessen Anblick Tom aber irgendwie magnetisch anzog.

Ob sich jetzt was ändert für ihn?, überlegte er nachdenklich, ob er es jetzt leichter hat?

Durch ein Geräusch irritiert, schaute er zur Tür, die noch hinter ihm offenstand. Im Türrahmen stand ein älterer, grauhaariger Mann in einem Arztkittel. Er hatte struppige Haare, einen Stoppelbart und roch empfindlich nach Alkohol.

»Haben Sie mich angerufen?«, fragte er.

Tom nickte betreten.

»Na, holen wir ihn herunter ...«, sagte der Arzt mit gespielter Routine, trotzdem klang seine Stimme unsicher.

Zwei Stunden später, die Polizei hatte den Fall aufgenommen und die Leiche abholen lassen, saß Tom im Arztzimmer. Den Dienst hatte ein Kollege von der Nebenabteilung übernommen, damit er sich von dem Schock erholen könne. Der Arzt nahm zwei Gläser und eine Flasche billigen Brandy aus seinem Schreibtisch.

»Jetzt trinken wir einmal einen gegen den Schock und einen zum Einstand«, sagte er dabei mit einer echten Freude in der Stimme. Wahrscheinlich, weil er einen offiziellen Grund zum Trinken hatte.

Und noch einen zum Einschlafen und einen zum Aufwachen, dachte Tom bei sich, aber er wollte dem Arzt keinen Korb geben und – obwohl er sonst keinen Tropfen trank – schüttete er das grauenhafte Zeug hinunter.

Aus den beiden Gläsern für den Schock und den Einstand wurden mehrere und am Schluss noch schnell ein Kleiner zum *Drüberstreuen,* wie der Arzt betonte, bevor er Tom mit den besten Wünschen auf einen geruhsamen Tag endlich entließ.

Draußen im Hausflur, für Tom blieb keine Zeit durchzuatmen, kam ihm eine Frau mit hektischen Schritten entgegen und hob beide Hände hoch. Er glaubte die Sekretärin des Chefarztes zu erkennen, die seine Anstellungspapiere ausgestellt hatte.

»Endlich, ich suche Sie schon im ganzen Haus. Unser Boss ist schon da und möchte Sie noch kurz sprechen«, sie nahm seinen Arm und zog ihn die Treppe ins nächste Geschoss hinauf.

Der Primar, ein etwa 60-jähriger, dicker Herr mit einer Stirnglatze und einem grauen Haarkranz, trug den üblichen weißen Kittel mit einigen Kugelschreibern in der Brusttasche.

»Ich wollte gerne kurz mit Ihnen sprechen«, meinte er, während er in einer Lade kramte. »So ein Erlebnis, gleich im ersten Dienst, wo Sie sich noch gar nicht einleben konnten – furchtbar! Wie geht es Ihnen denn jetzt?«

»Ich weiß nicht? Gut, denke ich.« Tom bemühte sich korrekt zu wirken, obwohl ihm vom Brandy des Stationsarztes ziemlich schwindlig zu werden begann.

»Aber, Sie sehen aus, als ob Sie einen Stock verschluckt hätten, so sitzt Ihnen der Schreck noch in den Knochen. Dann schauen wir einmal, ob wir Sie mit einem Zwölfjährigen ein wenig lockerer bekommen …« Der Primar war mit dem Kramen in der Lade fertig und hob mit einem freundlichen Seitenblick eine Whiskey-Flasche hoch. »Ja, ich weiß, es ist verboten und soll auch nicht zur Gewohnheit werden. Aber jetzt einmal hinunter damit, junger Freund. Dann wird es Ihnen gleich viel besser gehen.«

Widerstandslos kippte Tom das Glas hinunter. Zum Glück entließ ihn der Primar nach einem weiteren Glas vom Zwölfjährigen. Tom schaffte es gerade noch bis zur Toilette, wo die teuflische Mischung aus billigem Brandy und altem Whiskey spontan aus ihm hinausdrängte.

Er fühlte sich elend. Schwer an der Wand tastend, schleppte er sich tapfer zum Ausgang. Die anderen vom Pflegepersonal, die Tom noch nicht kannten, hielten ihn für einen alkoholkranken Patienten auf Morgenspaziergang. Einige von ihnen klopften ihm sogar freundschaftlich auf die Schulter. Vor dem Spital gab es einen Taxistandplatz; der dritte Fahrer nahm sich schließlich ein Herz und ließ ihn einsteigen.

So endete die erste Nacht in Toms Traumjob. Viele Selbstmörder würde er beruflich nicht schaffen, das stand nach dieser Nacht fest.

Pompe funèbre

Die Wolkenbänke standen dicht geschlossen über dem beginnenden Abendverkehr und ein feiner Nieselregen hatte eingesetzt. Wien hüllte sich an diesem Novembernachmittag in ein monotones Dunkelgrau. Auf den Grabsteinen des Wiener Zentralfriedhofs, der größten Totenstadt Europas, bildeten sich glänzende Pfützen. Die Krähen auf den Bäumen rundum plusterten ihr Gefieder, zogen den Kopf ein wenig tiefer und richteten sich auf eine ungemütlich feuchte Nacht ein.

Über einer der Straßen, die das riesige Areal in geometrischen Linien durchzogen, kam gemessenen Schritts ein Leichenzug und bog in einen Seitenweg ein. Er kam nicht von der Aufbahrungshalle, die lag in einem anderen Teil des Friedhofs, aber wer wusste schon so genau, wie die Hinterbliebenen den Weg zur letzten Ruhe des Verstorbenen festgelegt hatten und welches für Außenstehende verborgene Ritual erfüllt wurde. Die Wiener sind bei Begräbnissen jedem Sonderwunsch und allen Konfessionen aufgeschlossen.

Auffallend an dem Trauerzug war, dass der schmale Sarg auf dem Transportwägelchen nur von zwei Sargträgern geschoben wurde, anstatt wie sonst üblich von vier. Wobei der vordere Sargträger mit seinen wuchtigen Pranken die ganze Arbeit ohne Hilfe des zweiten Manns erledigte, der mit gesenktem Kopf daneben herging. Und auch der Leichenzug, der den beiden folgte, bestand nur aus drei Personen. Dennoch nahm keiner der vorübereilenden Friedhofsbesucher davon Notiz. Unter aufgespannten Schirmen, die Mantelkrägen hochgeschlagen, eilten sie ihren eigenen Wegen nach. Schließlich gab es hier, außer den prachtvollen Staatsbegräbnissen, auch stille Heimgehungen und eine Reihe von Armengräbern.

Auf dem Sarg, der mit einem schwarzen Tuch abgedeckt war, thronte ein schwarzes, leeres Drahtgestell. Schmuck gab es keinen, keine Blumengestecke und keine Schleife mit letzten Grüßen. Die Teilnehmer an dieser kargen Prozession gingen mit ausdruckslos ernsten Gesichtern – geradewegs – auf Tom zu.

Dieser stand wie angewurzelt mit einem kleinen Kranz aus weißen Nelken am Rand des Seitenwegs. Halb verdeckt durch die Kopfsteine der schier endlosen Grabreihe, blickte er völlig irritiert auf den kuriosen Zug. Er hätte es nicht glauben wollen, wenn er es nicht mit eigenen Augen gesehen hätte.

Eigentlich wäre es sein freier Tag gewesen, aber aufgrund der Unterbesetzung auf der Station musste er

Dienst tun. Zu Mittag, er war in Gedanken schon am Nachhauseweg, geschah etwas Merkwürdiges. Vor dem Pavillon stand ein Mann von einem Kurierdienst und hielt ihm eine braune Kartonschachtel hin.

»Sind Sie Herr Franz Probst?«, fragte er, als Tom an ihm vorbeiwollte.

»Nein, das ist einer unserer Patienten. Er ist heute nicht da, aber ich kann das für ihn übernehmen.«

Wortlos händigte der Kurier die Schachtel aus, ließ sich den Empfang quittieren und ging.

Tom wog das Paket in der Hand, das ziemlich leicht für die Größe war. Er öffnete den Deckel, der die Aufschrift einer Blumenhandlung trug. In dem Karton lag ein kleiner Kranz, gesteckt aus weißen Nelken.

Probst war ein Tagespatient. Er wohnte in einer sozialen Einrichtung und war heute nicht auf der Station gewesen. Menschen wie Probst konnten ein nahezu normales Leben führen, wenn sie medikamentös gut eingestellt waren. Es war also nicht ungewöhnlich, wenn einer von ihnen ausblieb.

Tom stellte den Karton auf einen Tisch im Bereitschaftszimmer, nahm den Kranz heraus und fand darunter liegend ein Kuvert. Es war ein Lieferschein der Blumenhandlung, auf dem oben der Name und die Adresse des Krankenhauses standen, darunter jedoch, etwas kleiner und vorher durch den Kranz verdeckt, die Zeile:

Lieferung Zentralfriedhof – Tor 3.

Das hatte der Kurier offenbar übersehen und das Paket irrtümlich ins Krankenhaus geliefert.

Trotzdem war die Sache eigenartig. Wofür hatte Probst einen Kranz bestellt? Tom, der am Nachmittag dienstfrei war, beschloss, zum Friedhof zu fahren.

Und nun, nachdem ihn das Taxi bei dem besagten Tor ausgeladen hatte und er ziellos durch den Friedhof geirrt war, traf ihn unvermutet der Anblick des in den Seitenweg einbiegenden Leichenzuges. Vorneweg ging Alex, der Riese mit der Kinderstimme und dem Gemüt eines Achtjährigen, und daneben ein schmächtiger Mann. Die beiden schoben den Wagen mit dem Sarg darauf. Direkt dahinter gingen Probst und zwei ältere Frauen – Tom erinnerte sich dunkel, sie schon einmal auf einer anderen Station des Krankenhauses gesehen zu haben. Fassungslos schaute er die Prozession an.

Als Probst ihn bemerkte, löste er sich aus der Gruppe und kam zu ihm.

»Das freut mich, dass Sie auch hier sind.« Er zeigte auf den Kranz, den Tom noch immer hielt. »Ist er doch noch gekommen!«

»Er wurde auf der Station für Sie abgegeben ...«, sagte Tom verdattert.

»Ach, diese Lieferfirmen«, meinte er nur und verdrehte die Augen. Dann nahm er den Kranz, ging zurück zum Leichenzug und steckte das Blumenarrangement auf das Drahtgestell am Sarg.

Der Zug war stehengeblieben und alle nickten einladend zu Tom hinüber. Mit ihm war die Trauerprozession nun anscheinend erst komplett. Probst deutete nach hinten.

»Schließen Sie sich an«, meinte er freundlich.

»Das werde ich nicht tun«, antwortete Tom eindringlich und senkte seine Stimme, da sich einige Vorübergehende bereits wunderten, warum dieser Trauerzug mitten am Weg ins Stocken gekommen war. »Können Sie mir bitte sagen, was Sie hier tun?«

»Wir suchen ein frisches Grab, um unsere Krankheiten einzugraben«, sagte er ernst.

»Waaas?«

Alex kam nun auch hinüber und rieb sich die Hände.

»Nix mehr krank, wir machen alles gut.« Seine hohe Kinderstimme überschlug sich fast vor Freude.

»Schon gut«, beschwichtigte ihn Probst, dann deutete er auf den Sarg und sie schoben den Wagen zwischen zwei größere Gräber, um etwas vor den Blicken der anderen Friedhofsbesucher geschützt zu sein. Er wendet sich wieder an Tom. »Schauen Sie, ich zeig es Ihnen.«

Er nahm einen zusammengelegten Zettel aus seiner Tasche und faltete ihn auf. Es war ein kleines Plakat von einem Fortbildungsvortrag für angehende Ärzte, den ein prominenter Psychotherapeut einige Wochen zuvor im Spital gehalten hatte. Es ging darin um neue Techniken der Gesprächsführung. Tom kannte den Aushang vom Vorübergehen, hatte ihm aber keine nähere Beachtung geschenkt. So las er erst jetzt die beiden Zeilen, auf die Probst deutete.

Alte Probleme begraben,
ist offen sein für neue Wege!

»Und das möchten wir ja auch.« Probst klang feierlich. Er zog das schwarze Tuch von dem Sarg, der sich jetzt nur als eine längliche Kiste entpuppte und ein ungeordneter Haufen Papier kam zum Vorschein.

»Was ist das?«, fragte Tom erstaunt.

»Unsere Befunde ...«

»Weg mit krank«, freute sich Alex hinter ihm.

Es dauerte fast eine halbe Stunde, bis es gelungen war, Probst und den anderen die Zeile zu erklären. Dann stellten sie das heimlich ausgeborgte Sargwägelchen mit Decke und Kiste zurück hinter die

Aufbahrungshalle. Probst und die Frauen packten die Befunde wieder in ihre Plastiktüten und gemeinsam machten sich alle auf den Weg Richtung Ausgang.

Davor nahm Probst den anderen noch das Versprechen ab, niemandem davon zu erzählen. »Sonst hält man uns am Ende noch für verrückt«, meinte er dazu.

Nachdem es langsam zu dämmern begann, drängte er zu raschem Gang, denn er musste noch vor Einbruch der Dunkelheit in seiner Wohngemeinschaft sein. Er hatte Achluophobie, Angst vor der Dunkelheit, und vermied es nachts außerhalb seiner hell erleuchteten Räume zu sein.

So saßen sie wenig später in der Straßenbahn und fuhren zurück Richtung Krankenhaus. Probst und die beiden Frauen unterhielten sich bereits wieder, als wäre nichts gewesen, nur der Riese Alex schaute zum Fenster hinaus auf den Friedhof, der langsam ihren Blicken entschwand, und weinte.

Persona non grata

Weihnachten stand vor der Türe und am Sonntag vor dem Heiligen Abend war Toms letzter Nachtdienst. Er hatte danach bis Silvester Urlaub und freute sich auf einige geruhsame Tage im familiären Kreis.

Da auf der Nebenstation, einer geriatrischen Abteilung, zwei Krankenstände waren, bat man ihn, dort auszuhelfen. Die Oberschwester empfing Tom mit müdem Blick. »Ich bin froh, dass Sie hier sind, ich kann meine Augen schon nicht mehr offenhalten. Ich mache bereits seit gestern Mittag durchgehend Dienst und war heute den ganzen Tag alleine auf der Station.«

Sie führte ihn kurz durch die Abteilung, die sich von anderen nur durch das Alter der Patienten unterschied.

»Sie werden sehen, unsere alten Herrschaften machen nachts gar keine Schwierigkeiten, stationär sind im Moment nur achtzehn und alle hervorragend auf ihre Schlafmittel eingestellt.«

Während sie den Dienst übergab, es war inzwischen kurz nach sieben, kam eine junge Kollegin hereingerauscht. Sie hieß Milena, war dreiundzwanzig und murmelte undeutlich eine Entschuldigung in Tiroler Mundart für ihr Zuspätkommen.

Gleichzeitig wickelte sie sich aus einem endlosen, bunten Schal und einer Daunenjacke. Die Oberschwester, zu geschafft, um noch Zurechtweisungen auszuteilen, deutete nur auf Tom.

»Unser Kollege wird Sie einweisen, Nachtmahl für die Patienten ist erledigt, ihr braucht also nur mehr die Medikamente austeilen. Auf einen angenehmen Dienst, gute Nacht und alles Weitere morgen früh.« Damit ging sie hinaus und ließ die beiden alleine.

Milena war ein hübsches Mädchen, mit kurzen, dunklen Haaren, etwas schusselig in ihrer Art und redete wie ein Wasserfall. Während sie mit Tom den Geschirrwagen in die Küche schob und die schmutzigen Teller abräumte, plapperte sie unentwegt. Er erfuhr, dass ihr Vater aus Serbien stammte, ihre Mutter jedoch aus Innsbruck kam, wo sie auch aufgewachsen war, was bereits ihre Sprache verriet. Mit achtzehn hatte sie spontan ihre Liebe für andere Menschen entdeckt, sich für einen Sozialberuf entschieden und gerade eben die Ausbildung zur Krankenpflegerin abgeschlossen. Nachdem es schwierig war, einen Job in einem normalen Krankenhaus zu finden, und sie auch gerne mit älteren Menschen arbeiten wollte, war sie schließlich hier gelandet. Ein wenig mache ihr die Psychiatrie zwar Angst, aber sie würde sich schon hineinfinden. Ja und privat sei sie, nach zwei ziemlich chaotischen Beziehungen, derzeit wieder Single.

Spätestens dort blendete Tom sich aus und ließ die Worte nur mehr vorbeirauschen. Er mochte das Tirolerische gern und hörte es wie eine ländliche Hintergrundmusik, während er die kleinen blauen Plastikschuber mit den Medikamenten verteilte und frischen Tee aufstellte. Er beschloss, danach eine gemütliche Nacht zu verbringen und Milena den Dienst zu überlassen. Daher wollte er sich bald ins Bereitschaftszimmer zurückziehen.

»Bitte helfen Sie den Leuten morgen früh beim Zähneputzen, falls ich noch nicht auf bin«, sagte er noch abschließend.

»Aha, aber die meisten haben doch dritte Zähne, die sie nachtsüber in einem Glas am Nachttisch ablegen. Soll ich die dann reinigen?«

»Ja, genau das habe ich gemeint und wenn Sie etwas brauchen, ich bin im Bereitschaftszimmer.«

Sie war etwas traurig, ihren Ansprechpartner zu verlieren, aber im gleichen Augenblick klingelte ihr Handy und ihr Redefluss ging ansatzlos auf elektronischem Weg weiter.

Am nächsten Morgen fühlte sich Tom wunderbar erholt. Er hatte abends noch etwas gelesen und dann acht Stunden durchgeschlafen. Als er kurz nach sechs

Uhr in die Stationsküche kam, saß Milena bereits in bester Laune bei Löskaffee mit Butterbrot und beendete soeben ein Telefonat – wobei er sich fragte, ob das wohl noch das Gespräch vom Vortag war.

»Ich habe schon viel gemacht«, strahlte sie, »die Leute geweckt und die Medikamente ausgeteilt, bis auf's Frühstück ist alles fertig.«

»Wunderbar«, freute sich Tom über die Arbeitsersparnis und nahm sich eine Tasse heißes Wasser mit zwei großen Löffeln Löskaffee.

»Machen Sie mir bitte einen mit?«, sagte die Oberschwester, die auf die Minute pünktlich und wieder ausgeruht in der Türe stand.

Sie saßen noch eine Weile zusammen, Milena berichtete, dass es eigentlich nichts zu berichten gab, außer zwei Patientinnen, die in der Nacht über Schmerzen geklagt und von ihr noch ein zusätzliches Mittel erhalten hatten.

»Also ich gehe dann!«, schloss Milena, sah auf die Uhr und wickelte sich wieder in ihren langen Schal. An der Türe drehte sie sich nochmals um. »Ach ja, die Zähne der Patienten hab' ich selbstverständlich gereinigt. Sie stehen im Bad. Ciao.«

Weg war sie.

»Schusselig, aber nettes Mädel«, nickte ihr die Oberschwester hinterher und stand auf. »Also holen Sie bitte noch den Frühstückswagen herein, bevor Sie gehen, und ich bringe den Leuten inzwischen ihre Beißerchen.«

Arglos ging Tom Richtung Stiegenhaus, wo in einer Nische hinter dem Eingang die Essenswagen abgestellt waren. Er hatte sie noch nicht erreicht, als aus dem Stationsbad ein verzweifelter Aufschrei kam. Er machte am Absatz kehrt und rannte zum Bad ohne die geringste Ahnung, was diesen Schrei ausgelöst haben könnte. Als er jedoch die Türe aufstieß, traf ihn der Anblick mit voller Wucht.

In einer großen Waschschüssel, die fast zur Gänze mit Desinfektionsflüssigkeit gefüllt war, lagen die Gebisse aller Patienten durcheinander auf einem Haufen und füllten die Schale mit weißen Kunststoffzähnen und rosa Kieferplatten bis zum Rand.

Fassungslos starrte er auf die Oberschwester, die ihm das Malheur mit ausgestreckten Armen entgegenhielt.

»Ja, seid's ihr denn wahnsinnig geworden?«, stammelte sie. »Was machen wir denn jetzt?«

In Windeseile versuchten sie die Prothesen zumindest der Größe nach und ansatzweise nach männlich oder weiblich zu sortieren – wobei es vielerlei Täuschungen gab – während aus den Zimmern bereits mehrere erboste Rufe nach dem fehlenden Eigentum kamen.

Die Hungrigen begannen das Frühstück bereits zahnlos hinunterzuwürgen, als Tom schließlich das Versehen offenbaren musste und die Gebisse feinsäuberlich auf zwei Serviertabletts zum allgemeinen Probieren herumreichte.

Es dauerte fast eine volle Stunde, bis jeder mit dem, was er im Mund hatte, einigermaßen zufriedengestellt war. Auf erboste Zurufe, wie »Aua, viel zu eng« oder »Ich bekomm's nicht rein«, reagierte die Oberschwester nur mit einem knappen Fingerzeig auf Tom und ihr Blick erzählte genau, was sie über ihn dachte.

Noch Wochen später traf er eine Patientin aus der Geriatrie, die mit ihrer Besucherin an ihm vorbeiging. Trotz des freundlichen Grußes würdigte sie ihn keines Blicks, sondern sagte nur laut zu ihrer Freundin: »Des is er …!«

Ein Gutes hatte es für ihn jedoch *Persona non grata* zu sein, denn nachdem sich die Sache herumgesprochen hatte, teilte man ihn nicht mehr als nächtlichen Einspringer ein.

Rostock

Rostock war mittelgroß, untersetzt, etwa Ende vierzig und hatte schütteres, dunkles Haar, das an den Schläfen allmählich grau zu werden begann. Wie es sich für einen Offizier der alten Schule geziemte, war er immer wie aus dem Ei gepellt, wenn er aus seinem Zimmer kam. Das geschah nur recht selten, da er sich von den anderen Patienten oft missverstanden fühlte. So verbrachte er die meiste Zeit in seinem Zimmer und hörte mit voller Lautstärke klassische Musik – zumeist Kantaten von Bach.

»Das beruhigt vor einer Schlacht«, pflegte er auf erboste oder bittende Zurufe von draußen zu kontern, ohne jedoch den Schallpegel wesentlich zu senken.

Eigentlich hieß Rostock schlicht Hans Weber und war ein ehemaliger Angehöriger der deutschen Bundeswehr. Trotz seiner fast fünfundzwanzig Dienstjahre, die er als beamteter Berufssoldat im Büro eines Heeresamts verbrachte, bevor ihn seine Krankheit in den Vorruhestand zwang, hatte er es nur bis zum einfachen Unteroffizier gebracht. Ein lächerlicher Rang, betrachtet man die lange Dienstzeit, was jedoch sicher schon damals an zunehmender Eigenbrötlerei, ansatzlosen Wutanfällen und seiner bizarren Interpretation deutscher Geschichte lag. Nach seiner Zwangspensionierung war er zunächst zu seiner Tochter übersiedelt und – als diese sich nicht mehr zu helfen wusste – in die stationäre Obhut der psychiatrischen Klinik gekommen.

Auf der Station erhielt er schließlich auch seinen Spitznamen, da er stets felsenfest behauptete, er habe an der Spitze des Landsturms vom November 1918 – gegen den erbitterten Widerstand des mecklenburgischen Großherzogs – Rostock eingenommen. Als ein in der Literatur über den Ersten Weltkrieg Belesener zitierte er stets auswendig Fakten der Vorgänge, die seine Schilderungen untermauerten, aus historischen Texten. Damit wischte er Gegenargumente mit leichter Geste vom Tisch und erreichte eine verblüffende Authentizität.

Und so kam er eben gelegentlich, immer mit Bedacht auf einen entsprechenden Auftritt, im dunkelblauen Marine-Blazer mit Goldknöpfen aus seinem Zimmer, zupfte am dünnen Oberlippenbart und ließ sich herab von der großen Zeit zu erzählen. Dabei spickte er die Darstellung mit seinen Leistungen als Kriegsheld, was viele der männlichen Patienten beeindruckte, und mit amourösen Anekdoten aus der Zeit in der Etappe, womit er wieder bei den Frauen punktete. Somit lebte sich Rostock sehr rasch ein und war abgesehen von seinen

Wutanfällen, wenn er wieder einmal die Medikamente verweigert hatte, ein angenehmer und auch verlässlicher Mitmensch.

»Sollen wir Rostock auch wieder fragen?«

Toms Kolleginnen bei der wöchentlichen Teambesprechung waren unsicher. Mittlerweile wurde das Wetter schon frühlingshaft warm und sie planten den Betriebsausflug, so die interne Bezeichnung der jährlichen Kulturfahrt für Patienten, eine Beschäftigungstherapie, die das Gefühl der Gemeinsamkeit stärken sollte.

»Ich denke schon und große Schlachten sind doch genau sein Thema«, antwortete Hilde, die leitende Stationsschwester, die wie immer die Fahrt selbst organisierte, mit Augenzwinkern. Für heuer planten sie eine Busfahrt entlang der Donau zu den alten römischen Anlagen entlang des damaligen Limes, dem Wall gegen die anrückenden Germanen, mit anschließendem Besuch des Römermuseums in Tulln bei Wien.

»Das stimmt«, warf Tom ein, »nur letztes Jahr hatte er eine Teilnahme am Ausflug doch strikt abgelehnt, wie ich im Protokoll gelesen habe.«

»Ja, weil er direkt davor den großen Streit mit dem Probst hatte, aber der ist sicher längst vergessen und wir müssen die beiden halt beschäftigen.«

Franz Probst aus der Tagesbetreuung fuhr bei den Betriebsausflügen gerne mit. Dafür sorgte schon sein freundschaftliches Verhältnis zur Stationsschwester – sie waren per Hildchen und Franzl, was manchmal zu wilden Spekulationen Anlass gab.

»Und der ist auch wieder dabei?« Rostocks Frage klang mehr wie eine Feststellung. Es war sofort klar, wen er damit meinte, als Tom mit ihm am nächsten Tag über den Ausflug sprach.

»Ich denke schon.« Tom hob entschuldigend die Arme. »Sie wissen ja, der Wunsch unserer Oberschwester …«

»Pah, Hildchen«, brauste Rostock ansatzlos auf und fuhr in die Höhe, »die blonde Kuh möchte mir schon wieder einen Tag versauen!«

»So meint sie es wirklich nicht.«

»Und ob sie es so meint, das weiß ich genau. Ich bin vielleicht verrückt, aber nicht blöd!« Genauso unvermittelt wie er aufgefahren war, setzte er sich wieder und strich über seinen Schnurrbart. »Gut, danke, dann aber ohne mich!«

»Es wäre aber uns allen wichtig, dass Sie auch mitkommen. Wir fahren diesmal entlang der Donau nach Tulln und dann ins Museum, da gibt es die alten Kastelle und Kasernen zu sehen, die wuchtigen Verteidigungsanlagen ...«, versuchte Tom ihn mit seinem Lieblingsthema zu ködern.

»Lächerlich, die römischen Befestigungen waren den mecklenburgischen weit unterlegen«, sagte er wegwerfend, trotzdem hörte man in seiner Stimme ein aufkeimendes Interesse.

Tom schilderte ihm die Fahrt in allen Details und als er bemerkte, dass Rostock begann, unschlüssig zu werden, spielte er seinen Trumpf aus.

»Also geben Sie sich einen Ruck, es wird sicher spannend und wir brauchen jemanden, der uns versiert über korrekten Bau, Funktion und Wirkungsweise der Stellungen Auskunft geben kann.«

Das traf.

»Dann bringen Sie mir zumindest eine aktuelle Karte von dem Gebiet, wenn ich schon die Führung übernehmen muss, und die Organisationsmappe mit der Route«, sagte er militärisch. »Es soll mir niemand nachsagen, ich hätte meine Hilfe verweigert!«

Drei Wochen später hielt der Bus an einem strahlenden Montagmorgen im Mai vor der Klinik. Probst, der schon früher dort gewesen war, saß bereits am Platz des Reiseleiters in der ersten Reihe, als die anderen auf die Straße kamen.

»Bitte sprechen Sie mit ihm, dass er weiter hinten Platz nimmt«, raunte Tom Oberschwester

Hilde zu. »Ich habe Rostock die Reiseleitung versprochen. Sonst wäre er nie mitgefahren.«

Sie antwortete nicht, stieg aber als erste in den Bus und deutete Probst. »Komm Franz, setzen wir uns nach hinten, da ist es ja viel bequemer«, sagte sie dazu und zog ihn mit sich in den Bus hinein.

»Haben Sie das gesehen?« Rostock, der direkt hinter Tom ging, zeigte mit dem Finger auf seinen Lieblingsfeind. »Keine Ahnung von der Sachlage, aber die Reihe der Führung besetzen.«

Der Bus rollte gemächlich durch die sonnigen Donauauen und Oberschwester Hilde griff einige Male zum Mikrofon und erzählte, unterstützt von längeren Fachbemerkungen Rostocks, einige Dinge über den Konflikt der Römer gegen die Barbaren im Norden und die Grenzstationen am Fluss, was sie aus einem Reiseführer herauslas. Die meisten Teilnehmer sahen eher gelangweilt aus dem Fenster auf die vorbeiziehende Landschaft, genossen die Wärme der Frühlingssonne hinter den Fensterscheiben oder waren eingenickt.

Die Fahrt verlief problemlos. Probst, der aufmerksam zuhörte, nickte immer beifällig, wenn Hilde sprach. Bei Rostocks Kommentaren hingegen nahm er mit einer gelangweilten Geste eine Zeitung vom Nebensitz und blätterte auffällig und geräuschvoll durch die Seiten.

Rostock störte das nicht im Mindesten, ja, er hörte es wahrscheinlich gar nicht, so sehr war er in seinem Element. Tom war froh, ihn zur Mitfahrt überredet zu haben, denn zwischen den Details zu der Planung von Wehranlagen und der fachkundigen Erläuterung römischer Waffentechnik blühte Rostock richtig auf.

Die kleine Unachtsamkeit mit großer Wirkung geschah dann beim Mittagsessen. Der Bus machte Punkt zwölf Uhr vor einem ländlichen Gasthaus in der Nähe des Donauufers halt, in dem ein Extrazimmer reserviert und zwei Menüs zur Auswahl vorbestellt waren. Hilde hielt Probst und Rostock gekonnt auseinander, doch als sich schließlich – nach allgemeinem Sesselrücken und mehrfachem Platztauschen – die Gruppe beruhigte, saßen die beiden zwar an getrennten Tischen, aber genau Rücken an Rücken.

Außer seiner krankhaften Angst vor Enge und Dunkelheit, war Probst ein umgänglicher Charakter – nicht jedoch, wenn es Rostock betraf. Aus kleinen Verhältnissen stammend und rein pragmatisch denkend, ärgerte ihn dessen vermeintliche Großspurigkeit und fühlte sich stets zu Sticheleien herausgefordert.

Während Rostock nach der Suppe auf Fragen über alte Katapulte einging und die damalige Bauweise im Detail erklärte, drehte sich Probst um und meinte mit einem hämischen Unterton: »Welche Ehre für uns, mit dem General in der Offiziersmesse speisen zu dürfen.«

»Leute vom Personal haben beim Essen nicht zu sprechen«, konterte Rostock trocken im Befehlston. »Überdies war ich Heerführer des Mecklenburger Aufstandes und kein General, aber das werden Sie mit Ihrem ignoranten Geschichtsbewusstsein wohl nie begreifen.«

Oberschwester Hilde, die selbstverständlich den Platz neben Probst eingenommen hatte, bemühte sich daraufhin, die Patienten mit einem Gespräch über das abendliche Fernsehprogramm abzulenken, was ihr anfänglich gelang. Nur dann wandte sie sich im Gespräch an Probst und fragte ihn um seine Meinung zum letzten Fernsehauftritt des bekannten Geigers David Garrett. Da drehte sich Rostock kurz zu ihr um und deutete mit dem Daumen auf Probst.

»Von Musik versteht der doch nichts«, sagte er dazu knapp.

»Immerhin kann ich sie zumindest noch hören«, gab Probst daraufhin ungerührt zurück, ohne Rostock auch nur anzusehen.

Zum finalen Disput der beiden, der sich nach dem Anfangsgeplänkel nicht mehr vermeiden ließ, kam es im Bus auf der Rückfahrt vom Museum.

Probst konnte es nicht lassen, immer wieder knappe, aber gezielte Bemerkungen Richtung der ersten Busreihe abzufeuern.

Wie vorauszusehen war, landete man punktgenau – Rostock liebte es darüber zu sprechen und Probst brachte dieses Hirngespinst jedes Mal auf die Palme – bei der Eroberung Mecklenburgs im ersten Weltkrieg.

Diesmal ging es um die Frage wie viele Soldaten man für ein Ziel opfern dürfe und Probst behauptete, er hätte einfach alle geopfert.

»... denn lieber tot, als Ihnen in die Hände zu fallen!«, schloss er seine Bemerkung provokant.

»Jetzt machen Sie einmal einen Punkt. Glauben Sie denn, persönliche Gefühle haben Platz bei einer Eroberung?« Der Punkt, an dem Rostock zum Feldherrn seiner Truppen wurde, war wieder einmal erreicht. »Wo hätte das denn hingeführt? Auf unserer Seite war der gesamte Volksaufstand und Friedrich Franz von Mecklenburg befehligte die offiziellen Truppen, das wäre ein noch nie dagewesenes Gemetzel geworden. Da bin ich nur froh, dass ich statt Ihnen einem kultivierten Feind gegenüberstand, der klug genug war abzudanken, bevor Schlimmeres geschah.«

»Ah, lobende Worte vom Streiter des Volkes über den adeligen Widersacher!«, stichelte Probst unverzagt weiter.

»Auf jeden Fall. Er war ein gebildeter Gegner, der wusste wofür er stand, nur eben zufällig auf der falschen Seite. Die Welt ist nicht nur schwarz-weiß, lesen Sie bei Gelegenheit einmal Geschichtsbücher.« Rostock war nun bereits auf hundertachtzig.

Tom versuchte, die Hand beruhigend auf seinen Arm zu legen. Doch schon kam Probsts nächste Attacke.

»Was Sie sicherlich nicht brauchen, weil Sie ja alles selbst miterlebt haben.«

»Na, das will ich meinen«, funkelte Rostock zornbebend zurück, ohne mit der Wimper zu zucken. »Doch jemand wie Sie, der erst nach den großen Kriegen geboren wurde, kann die Sache in keiner Weise beurteilen.«

»Dann sagen Sie uns doch gefälligst, wann *Sie* geboren sind?«, tönte es gehässig zurück. »1850 oder vielleicht 1790, oder waren Sie am Ende schon bei Cäsars Ermordung dabei?«

Das hätte Probst besser nicht gesagt. Rostock war bis ins Innerste getroffen. Er streckte sein Rückgrat auf seine vollen einhundertzweiund¬siebzig Zentimeter und warf den Kopf in den Nacken.

»Das ist doch lächerlich und tut hier nichts zur Sache. Bei historischen Persönlichkeiten geht es nicht um Geburtsdaten, sondern darum, was sie geleistet haben«, donnerte er durch den Autobus.

Ja, das war ein Auftritt, mindestens eines Generals würdig. Es war sogar ein unmerkliches Grinsen auf seinem Gesicht zu sehen, als er dann etwas leiser, jedoch mit deutlich bedrohlichem Ton, fortfuhr: »Und jetzt halten Sie den Mund, sonst kommen Sie zu Hause in die Dunkelkammer im Keller. Wer weiß, wer dort bereits auf Sie wartet!«

Probst zuckte in seinem Sitz zusammen, verstummte augenblicklich, wurde blass im Gesicht und seine Augen begannen unruhig hin- und herzuwandern. Die drohende Option von Dunkelheit und gleichzeitiger Enge waren eindeutig zu viel für seine Vorstellung.

Rostock ließ sich mit einer ärgerlichen Geste auf seinen Sitz zurückfallen und tippte kopfschüttelnd mit dem Zeigfinger an seine Stirn.

»Verstehen Sie jetzt, wie schwer es ist, jemandem Geschichte zu vermitteln, der die Zeit nicht miterlebt hat?«, fragte er in Richtung des Busfahrers.

Die restliche Fahrt verlief ziemlich still, nur Oberschwester Hilde versuchte Probst damit zu beruhigen, dass es im Keller der Klinik keine dunklen Räume gäbe, schon gar nicht für Patienten.

Bis zum Abend beruhigte sich die Stimmung zwischen den Kampfhähnen. Probst drückte beim Heimgehen in seine Wohngemeinschaft dicht an die Mauer des Flurs, um nicht Gefahr zu laufen den Kellerräumlichkeiten zu nahe zu kommen.

Ganz abgeschlossen hatte er mit dem Thema seiner möglichen Verwahrung in geheimen, dunklen Räumen der Klinik nicht. Im Vorbeigehen warf er Tom einen Blick zu.

»Sie haben ja keine Ahnung, was sich da unten im Keller vielleicht alles befindet«, murmelte er dazu kaum hörbar und klammerte sich dabei noch etwas fester an das Stiegengeländer.

Rostock hingegen war wieder in die selbst gewählte Einsamkeit seines Zimmers zurückgekehrt, aus dem Bachkantaten in voller Lautstärke drangen.

Der Duft des Landes

»Wir sollten unten seitlich des Pavillons doch noch etwas machen, bevor der Sommer kommt. Sonst ist es nämlich zu spät«, meinte Oberschwester Hilde bei der wöchentlichen Teambesprechung, hob fragend die Augenbrauen und deutete mit ihren beiden Daumen rechts und links zu den Fenstern hinaus.

Hilde legte großen Wert auf ein gepflegtes Äußeres, bei Menschen und bei Häusern, so als gäbe es keine anderen Sorgen auf der Station. Wie jedes Jahr, wenn die warme Jahreszeit vor der Tür stand, war sie wieder bei ihrem Lieblingsthema angelangt. Es ging um die Begrünung der zwei Rasenstreifen, die den Pavillon von der Zufahrtsstraße auf der einen und von den Wirtschaftsgebäuden auf der anderen Seite abgrenzten. Immer nach dem Winter waren die beiden Seiten unansehnlich braun und da sie die meiste Zeit des Tages im Schatten lagen, erholten sie sich von selbst auch nicht.

»Welcher der Herren würde das übernehmen, bitte?«, insistierte sie. Insgeheim verdrehten alle die Augen.

»Ich glaube, der Paul war doch früher Gärtner, vielleicht könnte man mit ihm sprechen«, versuchte sich Tom einzubringen, um die Sache vom

Personal abzuwenden. Dass dies ein Fehler war, stellte sich sofort heraus.

»Wunderbar!«, tönte es von Hildes Seite. Ihre zwei Daumen wechselten schlagartig auf Zeigefinger und beide zeigten nun auf ihn. »Sie nehmen das in die Hand, bravo!«

»Ich, ja ...«, stotterte er überrascht und bereute auf der Stelle seine unbedachte Äußerung.

»Sie sind der Richtige. Sie haben ja auch einen so guten Draht zu unserem Paul. Er soll das machen.«

Die Kollegen in der Runde nickten sofort beifällig.

»Geht denn das?«, versuchte Tom die Sache noch von sich abzuwenden.

»Wie meinen Sie?«

»Na, Patienten dürfen doch eigentlich keine Arbeiten verrichten, die in die Befugnis der Verwaltung fallen.«

»Außer ...« Hildes Stimme klang herausfordernd.

»Außer?«

»Als Ergänzung eines speziellen Programms im Rahmen der Therapie für den Kranken! Sehen Sie es also als Verordnung. Ich spreche noch mit dem Oberarzt, dass Paul dringend ein Erfolgserlebnis und Bewegung braucht. Und was wäre dafür besser geeignet, als ihm eine Beschäftigung in seinem ehemaligen Beruf zu übertragen?«

Durch zwanzig Jahre Erfahrung waren ihre Argumente einfach überlegen, das musste man neidlos anerkennen. Zwei der Kollegen klopften Tom freundlich auf die Schulter und grinsten schadenfroh.

»Gestatten Sie, Paul«, sagte dieser fast freudig und machte einen unmerklichen Diener dazu. »Paul, heiße ich.«

»Ja, gut!« Sein ansonsten liebenswerter Zwang, andere zu begrüßen und sich vorzustellen, nervte Tom im Augenblick. Seit einer halben Stunde versuchte er, Paul in das Rasengespräch zu verwickeln. Aber außer drei herzlichen Begrüßungen von seiner Seite hatte das Gespräch noch nichts gebracht. Tom atmete kurz durch und versuchte es ein letztes Mal mit einem betont sanften Tonfall.

»Ich hätte eine wirklich spannende Sache für Sie«, setzte er erneut an, ohne die Hoffnung auf Erfolg. Zu seinem Erstaunen drehte Paul jedoch den Kopf mit einem Ruck in seine Richtung und schaute ihn ungeduldig an.

»Ja, dann kommen S' doch endlich auf den Punkt, junger Mann!« Ansatzlos war er in seinen knappen, aggressiven Ton verfallen, was gelegentlich bei ihm vorkam, wenn er sich ärgerte oder ungeduldig wurde.

Normalerweise vermied man es, ihn zu ärgern, aber im Moment war Tom froh darüber, denn anscheinend war er dadurch zu ihm durchgedrungen.

»Herr Paul, was würden Sie davon halten, mir zu helfen den Rasen vor dem Haus neu anzulegen?«

»Aha.«

»Ich könnte Ihre Fachkenntnis gut gebrauchen ...«

»Aha.«

»Die kleinen Wiesenstücke sind nach jedem Winter kaputt, vielleicht wissen Sie ja Rat, wie man einen stabileren Rasen ziehen könnte.«

»Aha.«

»Paul«, meinte er aufmunternd, da ihm die knappe Einsilbigkeit zu nerven begann, »machen Sie das mit mir?«

»Natürlich.« Pauls Gesicht wurde wieder freundlich. »Das mache ich doch gerne.«

»Und wie gehen wir's an?«

»Ich stelle Ihnen gleich eine Einkaufsliste für's Nötigste zusammen und dann besorgen wir die Sachen. Der Rest ist ein Kinderspiel.«

»Danke, das ist sehr nett von Ihnen.« Tom war froh, Paul hatte zugesagt – Halleluja.

Die Einkaufsliste war rasch zusammengeschrieben und bereits am nächsten Tag fuhren sie in einen Baumarkt in der Nähe des Krankenhauses. Sie bestellten Schattenrasen, Blaukorn, einige Werkzeuge zur Bodenbearbeitung und mehrere Säcke schwarze Friedhofserde, die sich nach Pauls Erklärung besonders gut als Untergrund für Rasenwuchs auf wenig sonnigen Flächen eignen sollte. Überhaupt bekam Tom in den zweieinhalb Stunden Einkaufstour eine kurze, aber umfassende Einschulung zum Gärtnergehilfen. Das Wissen kam so geballt, dass er danach beim Stadtgartenamt zumindest als Teilzeitpflanzer hätte anfangen können, falls es so eine Stelle überhaupt gab.

Der einzig kritische Moment der Fahrt war, als sich Paul im Baumarkt bei allen Besuchern kurz vorstellen wollte. Jedoch nach der Frage nach einem geeigneten Dünger, wendete er sich, mit einem leichten Kopfschütteln über so viel Unwissen, wieder den Einkäufen zu und vertiefte sich in umfassende Erklärungen.

Zwei Tage später, der Baumarkt hatte eben die Lieferung gebracht, inspizierten sie gemeinsam, ob alles da sei, und Paul fühlte sich in der Verantwortung, die Arbeit einzuteilen.

»Jeder von uns lockert eine Seite auf, ich sicherheitshalber hier vorne die größere und Sie die hintere.« Er deutete auf die Werkzeuge. »Hinten sind's nämlich nur zweihundert Spatenstiche, gar nicht der Rede wert. Sie sind die Arbeit zwar nicht gewöhnt, aber in zwei Stunden sollten Sie's auch haben.«

Tom war vollkommen überrumpelt. Eigentlich war er nur zur Kontrolle mitgekommen, um aber keinen von Pauls spontanen Aggressionsschüben auszulösen, griff er wortlos nickend zur Schaufel und schlurfte nach hinten.

Unwahrscheinlich wie hart Erde sein konnte. Jedes Mal, wenn Tom die Schaufel in den Boden stieß, prallte sie förmlich zurück und immer auf die gleichen Stellen seiner Handflächen, die bereits nach einigen Minuten knallrot wurden. Obendrein war es tierisch heiß geworden und er schaufelte ausgerechnet auf dem einzigen Rasenstück, das in der stechenden Sonne lag.

»So geht's nicht ...«, rief Paul, der um die Ecke kam, um nach dem Rechten zu sehen und ob Tom auch fleißig arbeite. »Schräg müssen S' die Erde anstechen, sonst kommt man ja nicht drunter.«

Der nickte nur beipflichtend und rieb seine wunden Handballen. Dann atmete er kurz durch und wollte gemäß der Anweisung weitermachen.

»Lassen S' das jetzt sein!«, brauste Paul plötzlich laut auf und riss ihm die Schaufel aus der Hand. »So werden wir damit nie fertig. Lächerlich, ein junger, kräftiger Mann und stellt sich so an. Gehen wir rauf, ich hol' den Alex, dem ist am Nachmittag sowieso immer fad.«

Toms Reputation als Hilfsgärtner war dahin, aber zumindest beruhigte Paul sich wieder. Als sie über das vordere Rasenstück zum Eingang gingen, traute Tom seinen Augen nicht. Paul hatte von seinem Teil bereits fast die Hälfte der Fläche umgeackert, während er gerade mal eine einzelne Reihe entlang des Gebäudes herausgestochert hatte, und Pauls Spatenstiche waren regelmäßig und dazu noch doppelt so tief. Und bei ihm sah man auch keinerlei Blasen an den Händen – alle Achtung.

Mit dem Riesen Alex ging es danach sehr gut weiter. Er hatte zwar auch nicht die richtige Technik und musste darob einige von Pauls unvermittelten Wutausbrüchen über sich ergehen lassen, da er den Spaten mit einer solchen Wucht in den Boden stieß, dass dieser immer fast bis zum Stielansatz in der harten Erde verschwand. Dazu lachte er immer wieder fröhlich auf und winkte, so als wäre die Arbeit überhaupt keine Anstrengung für ihn.

Über Alex erzählte man sich, dass er einmal irrtümlich in einem der Therapieräume eingeschlossen wurde, wo er in seiner Panik so an der Schnalle zerrte, dass er das gesamte Schloss aus der Holztüre riss. Tom hatte das bisher immer für eine nette

Geschichte ohne wahren Hintergrund gehalten, korrigierte seine Meinung aber nun und hoffte, nie zwischen diese beiden Hände zu geraten.

Tom stand die meiste Zeit im Schatten seitlich des Pavillons, um die beiden zu beaufsichtigen und ihnen zwischendurch eine Flasche Mineralwasser zur Abkühlung zu bringen. Alex war dann sogar gleichzeitig mit Paul fertig, obwohl Paul zuerst einen großen Vorsprung gehabt hatte.

»Na ja, schnell ist er ja, aber schön hat er es halt nicht gestochen«, raunte Paul im Vorbeigehen, als er die Arbeit gewissenhaft inspizierte.

Tom war jedenfalls froh, dass der Grassamen und das Blaukorn im Boden waren und sie vor Dienstschluss mit allem fertig waren.

Die Tage vergingen und der Sommer kam mit Riesenschritten in die Stadt; nur der Rasen wollte nicht. Paul ging in der Pflege der beiden braunen Erdflächen auf, goss jeden Tag ausgiebig, da er meinte, ständige Feuchtigkeit sei bei dem warmen Wetter das Wichtigste, ja, sie hatten die besonders dunklen Stellen nachträglich auch noch einmal nachgearbeitet. Nichts, kein einziges Hälmchen zeigte sich, es schien wie verhext. Rundherum, entlang der anderen Pavillons wuchs das Gras in bestem Grün und sie konnten die hämischen

Bemerkungen der Anstaltsgärtner, was sie denn da angebaut hätten, schon nicht mehr hören.

Sogar Alex war traurig geworden.

»Ich schuld, hab' falsche Arbeit gemacht ...«, meinte er bedrückt mit seiner Piepsstimme und ließ die Schultern hängen.

Auch Tom trafen immer wieder abschätzige Blicke von Oberschwester Hilde, so als wolle sie sagen: »Zuerst nehmen Sie sich um eine Sache an und dann machen Sie uns damit nur Schande.«

Als Paul vom wiederholten Gießen heraufkam, winkte er Tom geheimnisvoll zu sich und zog ihn in sein Zimmer hinein.

»Es sind jetzt schon fast zwei Wochen und nichts tut sich. Es muss was gescheh'n. Wir sind bereits das Gespött der ganzen Anstalt.« Die Sache machte ihm sehr zu schaffen, schließlich stand sein Ruf als Gärtner auf dem Spiel.

»Haben Sie denn eine Idee?«, fragte Tom.

Paul nickte. »Ich werde heute am Nachmittag einmal telefonieren.«

»Und?«

»Bei störrischem Pflanzenwuchs gibt es nur eine wirkliche Lösung.«

»Welche denn?«

Er grinste siegessicher. »Lassen Sie sich überraschen.«

Es kam der nächste Samstag. Tom hatte Nachtdienst gehabt und wollte sich gerade auf den Weg nach Hause machen, da traf er Paul im Treppenhaus.

»So früh schon unterwegs?«, wollte Tom wissen.

»Ja! Freuen Sie sich, unsere Wunderwaffe ist gerade gekommen!«

»Wie bitte?«

»Da!« Paul deutete durch die Tür hinaus, wo ein alter, leicht verbeulter Pritschenwagen stand. »Die sind schon um fünf in der Früh losgefahr'n, wegen des Samstagverkehrs, drum sind sie auch schon hier.«

Die beiden Männer, die mit der Fuhre gekommen waren, luden gerade zwei große, blaue Fässer aus.

»Gestatten Sie, Paul«, sagte Paul zu dem Fahrer des Fahrzeugs, unterbrach sich aber dann selbst und zeigte auf die Stellen neben dem Pavillon. »Dorthin gehören sie ...«

Die Arbeiter legten die Fässer auf Gestelle mit Rädern und kamen damit zu den beiden Rasenflächen.

»Seltsam, die Fässer haben ja einen halben Klappdeckel«, wunderte sich Tom.

»Und den brauchen sie auch!« Er klang fröhlich und Tom kam nicht mehr dazu, sich über die eigenwillige Konstruktion der Behältnisse zu wundern. Auf Pauls Zeichen öffneten die beiden Transporteure die Klappdeckel, worauf sich eine dunkelbraun bröckelige Flüssigkeit mit einem Schwall auf die Rasenflächen ergoss.

»Was ist das!?«, schrie Tom entsetzt auf.

»Die Wunderwaffe – Jauche vermischt mit Kuhscheiße!« Paul hob triumphierend die Arme. »Frisch aus der Steiermark!«

Wie frisch die Wunderwaffe aus dem südlichen Bundesland Österreichs tatsächlich war, hätte er nicht mehr sagen müssen, denn im selben Augenblick drückte ein beißender Gestank Tränen aus den Augen der Umstehenden und ließ Toms Frühstückskaffee wieder hochkommen.

»Halt, bitte hören Sie auf«, versuchte er das übelriechende Inferno noch zu stoppen, aber es war zu spät. Der Inhalt der zwei Fässer schwamm bereits fingerdick auf den Wiesenstücken und sie standen bis zu den Knöcheln drinnen.

Montags darauf, nachdem Tom das restliche Wochenende über versucht hatte, den Geruch aus der Nase und von den Schuhen zu bekommen, wollte er leise und unauffällig auf die Station schleichen. Aber Oberschwester Hilde kam ihm bereits raschen Schritts entgegen und zu seiner Überraschung, nickte sie mit einem anerkennenden Lächeln.

»Gratuliere, wenigstens haben Sie eine Lösung gefunden.« Sie klopfte ihm anerkennend auf die

Schulter. »Hat mich an meine Kindheit erinnert. Wo ich aufgewachsen bin, hat es schon in der Früh' nach Wolle und warmer Milch gerochen.«

Nach diesem hochoffiziellen Lob mussten auch alle anderen auf der Station ihren Ärger über die Geruchsbelästigung hinunterschlucken und erwähnten die Angelegenheit nicht mehr. Erst Jahre später erfuhr Tom von einem angeheiterten Kollegen bei einer Betriebsfeier, dass er hinter seinem Rücken lange Zeit nur »Jauchie« genannt wurde.

Aber der Rasen gedieh! Bereits am Tag nach der *Behandlung* spross es leuchtend hellgrün durch die sich langsam verfestigenden Kuhfladen. Vielleicht war es ein Wunder, oder er war nur ängstlich, nochmals einer derartigen Behandlung unterzogen zu werden.

Paul spazierte in den nächsten Wochen mit stolzer Siegerpose entlang des Pavillons auf und ab, rieb sich die Hände, grüßte jeden Vorbeigehenden mit einem donnernden »Gestatten Sie, Paul«, führte seinen Rasen vor und wurde bald als der Gärtner des Spitals gehandelt.

Bis heute, inzwischen sind einige Jahre vergangen, gedeihen die beiden Rasenstücke blendend.

Die Party des Baumeisters

Herr Valentin war ein stattlicher Mann in den Sechzigern mit immer sorgfältig manikürten Nägeln und einer sonoren Art zu sprechen. Durch seine längeren eisgrauen Haare und die gepflegte, aber stets bewusst lässig getragene Kleidung, hatte er etwas von einem Kavalier der alten Schule.

Bereits ein Jahr zuvor hatte ihn seine Tochter wegen wiederholter Vorfälle in eine geschlossene Abteilung des Krankenhauses gebracht und beim zuständigen Gericht die Sachwalterschaft beantragt, was man im üblichen Sprachgebrauch noch immer als *Entmündigung* bezeichnet. Diese Kränkung war auch der Grund dafür, dass er von seiner Tochter nur mehr wie von einer entfernten Verwandten sprach.

In seinem Krankenakt standen mehrere, einander scheinbar übertrumpfende Bezeichnungen, die zu seiner übertriebenen Geltungssucht hinwiesen. Sie gipfelten in dem Satz: *Der Patient kann aufgrund einer akuten, komplex-dissoziativ übersteigerten Verhaltensweise in seinem gewohnten extramuralen Setting und ohne multiprofessionelle Abklärung keiner ausreichenden Therapie mehr zugeführt werden.*

Also kurz und pragmatisch: Ein Größenwahnsinniger, mit dem man sich nicht mehr zu helfen wusste.

Diesen Eindruck vermittelte Herr Valentin aber keineswegs, sondern eher das Gegenteil. Er wurde auch verlegt, da seine ärztlichen Betreuer der Meinung waren, er hätte sich sozial nun bereits erneut eingegliedert, sodass er von der geschlossenen in eine offenen Abteilung wechseln könne. Auch empfahl man, dass er tagsüber einer Beschäftigung nachgehen solle, um ihm wieder ein großteils normales Leben zu ermöglichen.

Beste Voraussetzungen also und irgendetwas Besonderes war auch an diesem Herrn Valentin, denn die meisten Menschen, die in sein Umfeld kamen, waren von seiner eloquenten Art und seinem natürlich wirkenden Charme spontan begeistert – vor allem Frauen. Was bei männlichen Patienten wiederum den Wusch auslöste, sich ähnlich salopp zu kleiden wie er und auch über die Anschaffung einer Nagelfeile nachzudenken.

Für Tom war Herr Valentin insofern von Bedeutung, als ihn dieser gleich nach seiner Einquartierung wegen der Vermittlung eines Jobs ansprach und als seinen Gesprächspartner auserkor.

Valentin war als gelernter Buchhalter einige Jahre im Büro einer Baufirma gewesen, hatte die

Arbeit jedoch nach einer gescheiterten Ehe eingestellt, um der Zahlung von Unterhalt zu entgehen. Seit damals war er – so seine Darstellung – im Baugewerbe freischaffend tätig. Angeblich half er der Verrechnung von größeren Vorhaben und hatte hervorragende Kontakte für Finanzierungen, die er auch Tom anbot.

Trotz seiner Großspurigkeit klang das, was er sagte, stets geistreich. Er hatte zu vielen Dingen eine klare Meinung und strotzte scheinbar vor Lebenserfahrung. Am liebsten jedoch berichtete er von seinen amourösen Abenteuern an der Adria, wo er, um in seiner Diktion zu sprechen, stets die mediterranen Sommer zu verbringen pflegte. Gerne bereiste er den Landstrich zwischen Lignano und Caorle, den er jedoch mit den Nebenorten Aquilea und Santa Margherita umschrieb, was weniger gewöhnlich, ja beinahe elegant klang. Dort gab er sich als Adeliger aus, ließ sich zeitweilig von gutgläubigen Damen aushalten und, wenn das nicht funktionierte, blieben die Rechnungen eben unbezahlt und landeten später als gerichtliche Zahlungsbefehle bei seiner Tochter, bei der er seit einigen Jahren wohnte. Immer wieder musste sie diverse Pfändungsverfahren abwenden, was schließlich auch zu seiner Entmündigung führte.

Es war eine heiße Spätsommernacht. Einige der Patienten lagen draußen auf der Terrasse des Pavillons und die Station brütete totenstill vor sich hin. Sogar der Riese Alex, der in seiner kindlichen Freude sonst oft noch spät munter war, schlief bereits seelenruhig in seinem Zimmer.

Nur einer fehlte – Herr Valentin. Die Kollegin vom Tagdienst hatte Tom bei der Übergabe mitgeteilt, dass Herr Valentin heute noch nicht von der Arbeit zurück sei.

»Na, das kann schon einmal vorkommen«, meinte er zunächst. »Vielleicht ist er draußen noch essen gegangen.«

Kurz vor neun machte er sich dann doch Gedanken und wollte schon eine Meldung ins Dienstbuch eintragen, als ihn ein Anruf erreichte. Mit der ungewissen Vorahnung auf eine schlechte Nachricht hob er ab.

»Allgemeines Krankenhaus, kann ich bitte mit einem Verantwortlichen sprechen?«

»Ja, bitte?«, antwortete Tom. »Ich bin der Diensthabende, worum geht es denn?«

»Es handelt sich um Robert Valentin, einen Ihrer Patienten.«

»Was ist denn mit ihm?«

»Er ist bei uns nach einem Unfall stationär aufgenommen worden.«

»Unfall? Wo ist der denn passiert?« Tom dachte an einen Unfall im Straßenverkehr.

»Auf der Baustelle einer Schrebergartensiedlung.«

»Bitte, wo?!«

»Kleingartensiedlung Alte Donau ...«

»Wissen Sie was passiert ist?«

»So genau nicht, es gab einen Einsturz mit mehreren Verletzten, aber da kann Ihnen sicher die Polizei Auskunft geben.«

Tom erhielt die Adresse der Gartensiedlung und die Daten des zuständigen Polizeikommissariats, das den Vorfall amtlich zu Protokoll genommen hatte.

»Und Herr Valentin?«, fragte er noch.

»Herr Valentin hat den linken Knöchel angebrochen und die Schulter verletzt, er ist aber sicher morgen wieder transportfähig, dann veranlasse ich die Überstellung zu Ihnen. Er hat einen Gipsverband und sollte sich die nächsten Tage schonen.«

Die Sache ließ Tom die ganze Nacht über keine Ruhe. Was hatte Valentin dort gemacht und wie kam er da überhaupt hin? Die Alte Donau, ein nach der Regulierung der Donau verbliebener Teil des ehemaligen Flussbetts, lag genau am anderen Ende Wiens, also überhaupt nicht auf Valentins Route, wenn er zu seiner Arbeit fuhr. Auch hatte er keine Freunde, die in der Gegend wohnten.

Am nächsten Morgen meldete Tom den Vorfall der Abteilungsleitung, die sich um alles Weitere kümmern würde, beschloss aber, auch selbst an die Alte Donau zu fahren. Der Tag würde wieder sehr warm werden und das detektivische Vorhaben konnte er mit einer Erfrischung verbinden und in die Alte Donau schwimmen gehen.

Die Siedlung war eine der üblichen engen Kleingartenvereine, mit peinlichst gepflegten Rasenflächen neben verwilderten Grundstücken, eng verstellten Durchgängen, überquellenden Biotonnen und vielen Gartenzwergen. Tom fand das fragliche Grundstück an einer Kreuzung von zwei Wirtschaftswegen.

Auf dem Grund stand ein älteres Gartenhaus mit einem relativ neuen Anbau. Davor, wo normalerweise die Terrasse sein sollte, gähnte ein großes, tiefes Loch, teilweise gefüllt mit Schutt und größeren Betonbrocken.

Am Rande des Lochs saß eine dickliche, blonde Frau mit Hausschürze, einem Pflaster auf der Stirn und der linken Hand in einer Schlinge. Als Tom sie ansprach und ihr sagte, er sei wegen des Unfalls und Herrn Valentin hier, fuhr sie zornig hoch und kam zur Einzäunung.

»Und da trau'n S' Ihnen noch her?«, kam es in breitem Wiener Dialekt über den Zaun herüber.

Er wich etwas zurück. »Ich wollte mich nur erkundigen, was geschehen ist, Herr Valentin liegt noch im Allgemeinen Krankenhaus.«

»Ja, genauso wie d' andern, aber das wird a Nachspiel hab'n beim G'richt, richten S' ihm das aus, mein Mann hat beide Hax'n gebroch'n …«, schrie sie aufgebracht und hob drohend den gesunden Arm.

»Bitte regen Sie sich nicht so auf, ich wollte nur …«

»Wer sind denn Sie überhaupt?«, herrschte sie ihn an.

»Ich arbeite im psychiatrischen Krankenhaus und Herr Valentin ist einer unserer Patienten.«

Sie sah ihn entgeistert an.

»Wos, da Baumeister is a Depperter?«, stammelte sie fassungslos. Sie gab das Gartentor frei, winkte Tom hereinzukommen und ging mit hängenden Schultern vor ihm zum Haus. »Wir sind auf an Depperten reing'fallen? Das gibt's doch net!«

Sie setzten sich an den Rand der Grube und sie berichtete, wie es zu dem Unfall gekommen war. Ihr Mann hatte Herrn Valentin, mit dem er in einem Kaffeehaus in der Innenstadt zufällig ins Gespräch gekommen war, von dem Plan erzählt, eine Terrasse anzulegen. Valentin, der sich als Baumeister vorstellte, meinte, das zu erledigen, wäre nur eine Kleinigkeit und bot seine Hilfe an. Schon tags darauf kam er den Schrebergarten besichtigen und hatte die Idee, wenn schon eine Terrasse, dann könne man ohne großen Aufwand darunter doch einen Kellerraum anlegen und zusätzlich Platz schaffen. Die Idee klang gut und die Familie übertrug Baumeister Valentin die Planung.

Und gestern, die Arbeit war fertiggestellt, veranstaltete man ein Grillfest zur Einweihung, zu dem auch der bei allen beliebte Baumeister eingeladen war. Mittlerweile hatte er auch die Beratung für Umbauten anderer Siedler in der Anlage übernommen. Gerade als sich die Stimmung dem Höhepunkt näherte, gab die Terrasse unter dem Gewicht der etwa zwanzig wohlbeleibten Gäste nach und die ganze Gesellschaft stürzte zusammen mit den Betontrümmern in den neuen Keller hinunter.

Die Frau hatte während der Schilderung begonnen zu schluchzen und lehnte jetzt an Toms Schulter. So wie der Fall lag, würde sie weder Herrn Valentin noch die Pfuscher belangen können und musste auch noch mit Klagen der verletzten Partygäste rechnen.

Herr Valentin blieb noch zwei Tage im Allgemeinen Krankenhaus, kam dann jedoch nicht mehr auf die offene Station zurück, sondern übersiedelte wieder in eine geschlossene Abteilung.

Besonders die holde Weiblichkeit auf der Station bedauerte seine Verlegung zutiefst, wobei sich die meisten der Damen sicher waren, dass das Unglück bestimmt nicht an seiner Planung gelegen hätte.

Shopping mit Tante Rosa

»Könnten Sie bitte zu mir kommen?« Oberschwester Hilde winkte Tom und deutete in ihr Büro.

»Sofort«, sagte er und unterdrückte einen Unmutslaut. Im Moment passte ihm das gar nicht, denn er war dabei, die Patienten für die Ergotherapie zusammenzuklauben und bereits stark im Verzug. Also ersuchte er Schwester Melanie, die Sache zu übernehmen und erntete dafür einen Blick mit verdrehten Augen.

»Selber genug zu tun«, zischte sie im Vorbeirauschen zwischen den Lippen. »Was will sie denn jetzt von dir?«

Unwissend und entschuldigend hob er die Arme. »Keine Ahnung, wird sicher nicht so wichtig sein.«

»Na, Tempo! Ich hab' nicht ewig Zeit«, empfing ihn Hilde im Dienstzimmer und wies auf einen Stuhl. »Ich habe eine Sonderaufgabe für Sie. Ich würde Sie ersuchen, dass Sie mit Tante Rosa einkaufen gehen. Sie wissen, wer ...?«

Ja, er wusste, wen sie meinte. Tante Rosa nervte oft stundenlang mit ihren Energieschüben.

»Was braucht sie denn und wozu überhaupt?«, wunderte er sich über das seltsame Anliegen.

Hilde senkte die Stimme, so als würde sie ihn bei einer ganz besonderen Sache ins Vertrauen ziehen.

»Sie macht mir seit Tagen die Hölle heiß. Sie hat angeblich seit kurzem einen Freund, der sie besuchen kommt.«

»Einen Freund, Sie meinen einen richtigen? Mit allem Drum und Dran?«, spielte er auf Tante Rosas fortgeschrittenes Alter an.

»Was weiß ich, ich habe auch noch nie jemanden gesehen, der bei ihr gewesen wäre, aber wer weiß das schon ...« Hilde hob die Arme zum Himmel. »Also jedenfalls möchte sie jetzt eben einiges einkaufen gehen.«

»Das kann sie ja«, warf er ein, »sie hat doch die Erlaubnis wegzugehen und geht sonst auch öfters hinaus.«

»Ja, spazieren oder in die freie Gruppe, aber ich lass sie sicher nicht alleine in die Stadt fahren.«

»Aber das muss doch ein Verwandter machen, dazu sind wir vom Pflegepersonal doch nicht da.«

»Schon, aber Sie wissen doch, wie ihre Tochter ist, ständig beruflich unter Druck. Sie hat ja nicht einmal Zeit für einen regelmäßigen Besuch. Also tun Sie mir den Gefallen und begleiten Sie Rosa, ich schreibe Ihnen dafür auch einen zusätzlichen Zeitausgleich.«

»Und wann?«, gab er sich geschlagen.

»Heute Nachmittag. Nachdem Sie nur bis zwei Dienst haben, passt das ausgezeichnet. Und Tante Rosa mag Sie so gerne ...«

Tante Rosa hieß eigentlich Nothburga Rosammer, stellte sich selbst aber auch immer nur als Rosa vor. »Ist doch besser als Nothburga«, sagte sie manchmal ergänzend dazu. Ob sie wirklich von einem uralten Adelsgeschlecht abstammte, wie sie die anderen oft glauben machen wollte, war nicht gesichert. Trotzdem verfehlte es seine Wirkung nicht, denn die männlichen Patienten bezeichneten sie hinter ihrem Rücken oft scherzhaft, aber trotzdem ehrfurchtvoll als *die Gräfin*.

Sie war eine zarte, schlanke Person, trug auch gerne lange Kleider mit passendem Hütchen dazu und stützte sich auf einen Stock mit geschwungenem Silberknauf in Form eines Pferdekopfes. So wirkte sie tatsächlich sehr damenhaft und überspielte gekonnt ihr Alter. Tante Rosa stand kurz vor ihrem achtzigsten Geburtstag, radierte aber auf Dokumenten gerne ihr Geburtsjahr aus und verjüngte sich – früher um ein Jahrzehnt, in letzter Zeit auch gerne mal um zwei.

Sie war schon lange auf der Station. Freiwillig, wie sie betonte, da sie immer wieder unter Depressionen litt. In der Regel waren die Patienten in der Abteilung um einiges jünger und Tante Rosa sollte schon lange auf die Geriatrie überstellt werden, da sie aber geistig und körperlich mit den anderen noch spielend mithalten konnte, ersparte man ihr das.

Tom ging nach dem Mittagstisch zu ihr in den Aufenthaltsraum, wo sie wie üblich bei einem Tee und ihrer Zeitung saß.

»Schwester Hilde hat mir gesagt, Sie würden gerne etwas einkaufen fahren, da begleite ich Sie selbstverständlich.«

Sie hob den Kopf. »Das ist lieb von Ihnen, bitte ich brauche zwar keinen Aufpasser, aber wenn Schwester Hilde das so will, freue ich mich über Ihre Gesellschaft.«

»Wo möchten Sie denn hin?«, versuchte er auszuloten, wie lange der Einkaufsbummel wohl dauern würde.

»Ich brauche eine neue Bluse und einiges aus der Konditorei. Am besten wir fahren in die Stadt hinein, dann kann ich auch noch in andere Geschäfte schauen, was es Neues gibt.« Sie war sofort groß in Fahrt. »Ich mache mich sofort fertig.«

Es würde ein langer Tag werden.

Sie fuhren gleich nach Toms Dienstschluss in den ersten Bezirk. Rosa war wie immer dezent und elegant gekleidet und spendierte eine Taxifahrt.

»Sie werden nicht Ihr teures Benzin verfahren«, sagte sie kategorisch und winkte nach einem Wagen, der vor dem Krankenhaus am Standplatz auf Kundschaft wartete. »Das leisten wir uns jetzt.

Wenn Sie schon mit mir kommen, sollen Sie nicht auch noch den Chauffeur spielen müssen.«

Sie waren noch nicht einmal die halbe Strecke gefahren, da ersuchte sie den Taxilenker anzuhalten.

»Ich muss mal, meine verdammte Blasenschwäche. Die habe ich immer, wenn ich mich auf etwas freue«, raunte sie ihm ins Ohr und noch bevor er reagieren konnte, war sie bereits aus dem Wagen gestiegen und im nächstbesten Geschäft verschwunden.

»Ihre Oma ist ja noch gut unterwegs«, nickte der Lenker anerkennend.

»Ja, leider«, entfuhr es Tom, was den Chauffeur zu einem Grinsen veranlasste.

Ohne weiteren Aufenthalt erreichten sie danach die Innenstadt und stiegen direkt bei der Fußgängerzone aus.

»Was meine Sie? Passt mir die?«

Nach einigen erfolglosen Versuchen in drei größeren Geschäften waren sie in einer kleineren Boutique in einer schmalen Seitenstraße gelandet, die auch einiges an Oberteilen mit Spitzen zu bieten hatte. Und Spitzen mussten es sein – alles andere, da war sich Rosa ganz sicher, wäre nicht standesgemäß.

Tom blickte auf und traute seinen Augen nicht, vor ihm stand Tante Rosa in einer feinen, hellgrünen Chiffonbluse, langärmelig, hochgeschlossen, mit zartem Spitzenkragen – aber durchsichtig. Und Rosa trug darunter nur Haut ...

Sie sah seinen erschrockenen Blick, zog ihre Taille ein und streckte ihre Brüste nach vorn.

»Nicht schlecht für beinahe sechzig«, sagte sie dazu augenzwinkernd mit der Betonung auf *sechzig*. »Also sollen wir die nehmen?«

»Unbedingt!«, sagte er schnell und schob sie zurück in die Umkleidekabine. Zum Glück war die Verkäuferin auch mit einer zweiten Kundin beschäftigt und niemand hatte den Auftritt bemerkt. Obwohl er zugestehen musste, dass Tante Rosa für ihr Alter tatsächlich noch bemerkenswert kernig gebaut war.

»Ich wollte Sie wirklich nicht verunsichern«, sagte Rosa entschuldigend, nachdem sie in der Boutique bezahlt hatte und sie wieder auf der Straße standen. »Nur beim Anprobieren muss man ja schauen, ob die Dinge richtig sitzen.«

Ob sie *Dinge* oder *Dinger* sagte, hatte er nicht so genau verstanden, vermied es jedoch, darüber nachzudenken und schob den Gedanken rasch von sich weg.

»Ich sollte vielleicht noch wegen Schuhen schauen.« Sie ging raschen Schritts voran und Tom war froh, dass das Thema Oberteile abgeschlossen war.

Schuhe fand Rosa keine passenden, aber dafür ein bedrucktes Schaltuch. Den Abschluss der Einkaufstour machte schließlich eine Patisserie. Rosa kaufte zwei kleine dunkle Schokoladenbiskuits und eine Dose mit Butterkeksen, gerade noch vor Geschäftsschluss, denn inzwischen zeigte die Uhr halb sieben Uhr abends.

Derart bepackt fuhren sie nach Hause. Rosa, die noch in voller Einkaufslaune war, beschwerte sich über die frühen Ladenschlusszeiten.

»Da geht man einmal in die Stadt und dann sperren die einem die Geschäfte vor der Nase zu«, maulte sie lautstark. »Kein Wunder, dass die Wirtschaft da zugrunde geht, wenn niemand mehr arbeiten will.«

Kurz bevor der Wagen vor dem Krankenhaus hielt, schlug sich Rosa mit der Hand auf den Kopf. »Ich hab' die Creme vergessen!«

»Was?«

»Das *Mousse au chocolat* zu dem Schokobiskuit habe ich vergessen.«

»Es ist aber zu spät, um noch was zu besorgen. Alles hat zu.« Tom sagte das sehr bestimmt, denn eine Erweiterung des Shoppings wollte er auf alle Fälle vermeiden.

»Zu blöd!« Rosa klang richtig verzweifelt, dann tippte sie mit dem Zeigefinger auf seine Brust. »Sie lassen mich jetzt aber nicht im Stich, wir müssen schauen, dass wir in der Teeküche was finden, das wir eben schnell noch zusammenrühren können.«

Mit einem müden Lächeln ergab sich Tom in sein Schicksal. Sie packten die Sachen aus und eilten in die Küche.

»So, schauen wir mal, was wir haben.« Tante Rosa riss in aller Eile den Kühlschrank auf und räumte den halben Inhalt auf den Küchentisch – Milch, Eier, Butter, Zucker. Sie drückte Tom einen Weidling in die Hand und füllte die Zutaten, mit der Anweisung an ihn, gleichmäßig zu rühren, hinein. »Na, zumindest eine Buttercreme bringen wir zusammen.«

Zu seinem Erstaunen wurde es tatsächlich eine Creme und gekonnt überzog Tante Rosa damit die beiden Biskuits und setzte noch einen kleinen Tupf Marmelade darauf.

»Besser als nichts«, meinte sie, die beiden kleinen Törtchen betrachtend. »Danke vielmals, Sie haben mich gerettet. Schönen Abend noch!«

Für Tom war es endlich das Zeichen, dass seine Mitwirkung zur Zufriedenheit erledigt war und er entlassen sei. Sie hatte tatsächlich etwas von einer Gräfin, musste er sich schmunzelnd eingestehen.

Tante Rosa verzog sich mit den beiden Törtchen in ihr Zimmer, er säuberte noch die Teeküche und überlegte dabei, was er der Kollegenschaft sagen würde, deren Lebensmittel sie eben verbraucht hatten.

»Na, wie war es mit der Rosa?«, fragte Schwester Melanie, als sie Tom später im Dienstzimmer sitzen sah.

»Etwas nervenaufreibend, die Frau hat eine Energie, unglaublich«, meinte er und erzählte ihr von dem Erlebnis mit Rosa in der Boutique und nahm ihr gleichzeitig das Versprechen ab, niemanden weiterzuerzählen, dass er Tante Rosa oben ohne gesehen hatte.

»Und für wen macht sie sich schön?«, fragte sie lachend über seine Schilderung.

»Keine Ahnung und so genau möchte ich das auch gar nicht wissen.«

Da die Luft noch immer recht schwül war, beschloss Tom, den langen Arbeitstag vor der Heimfahrt mit einem eiskalten Getränk ausklingen zu lassen. Die Terrasse des Pavillons hatte im hinteren Teil einen kleinen nicht überdachten Vorsprung mit bequemen Liegestühlen, wo meistens ein wenig frischer Wind um die Hausecke strich. Dort setzte er sich hin.

Seltsame Geräusche drangen in sein Bewusstsein. Tom schlug die Augen auf und sah – absolut nichts. Nach einem kurzen Moment der Orientierungslosigkeit fiel ihm ein, dass er auf der Terrasse saß. Nun war es bereits stockdunkel, er musste eingeschlafen sein.

Er wollte gerade aufstehen, als sich die eigenartigen Geräusche wiederholten. Er konnte sie jetzt als Klirren von Gläsern identifizieren, dazwischen leises Lachen und Flüstern. Vorsichtig hob er den Kopf und lauschte. Tatsächlich, einige Meter entfernt, gleich hinter dem Mauervorsprung, war jemand.

Vorsichtig, um absolute Stille bemüht, tastete er sich an die Ecke heran. Einige dort stehende Blumentröge verdeckten ihn, als er um den Vorsprung spähte. Erkennen konnte er aufgrund der Dunkelheit niemanden, aber er sah eine Silhouette, die in Bewegung war. Als sich seine Augen an die Dunkelheit gewöhnt hatten, bemerkte er, dass der verschwommene Umriss aus zwei Personen bestehen musste, die auf einem der Terrassenbetten lagen. Jetzt entnahm er dem Flüstern auch einzelne zärtliche Worte. Es traf ihn wie ein Keulenschlag, auf der Veranda lag ein Paar, verstrickt in ein Liebesspiel.

Tom zog den Kopf zurück, was sollte er tun? Zum Ausgang hätte er an den beide vorbeigehen müssen, was er vermeiden wollte. Es konnten nur Patienten sein, die ein wenig Nähe genossen. Warum auch nicht? Diese Bedürfnisse sind schließlich ganz normal, sagte er sich. Die direkte Konfrontation damit überraschte ihn aber doch. Er zog sich also wieder leise auf die Liege zurück und starrte wartend in die Nacht hinaus. Lange kann das ja nicht dauern, sagte er sich, doch er hatte die Kondition der beiden unterschätzt. Die Zeit verging quälend langsam und irgendwann nickte er wieder ein.

Mit einem Mal wurde es hell auf der Terrasse. Die Kollegin vom Nachtdienst war auf Rundgang und hatte das Licht angeknipst. Tom stand auf und schaute gähnend um die Ecke. Die Liege war leer.

»Du bist noch da?«, meinte die Kollegin erstaunt, als sie ihn sah.

»Ja, ich muss eingenickt sein«, sagte er, ohne Erwähnung der gehörten Vorgänge. »Hast du niemanden heraußen gesehen?«

»Nein, aber da steht noch Geschirr«, sagte sie und deutete auf den Tisch, »nimmst du das bitte mit?«

»Mach ich gerne«, antwortete Tom hilfsbereit.

Er nahm die Gläser und zwei Teller, die dort standen, auf denen sich noch Reste von Schokoladenbiskuit befanden und eine Buttercreme, die ihm sehr bekannt vorkam.

Zwischen den Stockwerken

Es war der erste Montag im September, das Wetter prächtig und die Schulkinder mussten wieder in den Unterricht. Es wäre ein schöner Badetag gewesen, doch Tom hatte Dienst und noch dazu eine leichte Sommergrippe, die ihn seit über einer Woche hartnäckig begleitete. Seine Laune war also nicht die beste.

»Sicher habe ich das einem unserer Patienten zu verdanken«, brummte er vor sich hin, als er die Treppen zur Station hinaufging und heftig niesen musste. Aber an Krankenstand war nicht zu denken, da aufgrund der gerade auslaufenden Urlaubssaison alle Abteilungen unterbesetzt waren.

Zu allem Überdruss empfing ihn Oberschwester Hilde fröhlich mit einem: »Wir haben heute Gäste zum Basteln!« Wie immer schien sie vor allen Krankheiten gefeit zu sein und strotzte vor Gesundheit.

»Und was hat das mit mir zu tun?« Tom schnäuzte sich demonstrativ, um zu zeigen, dass er schwer krank war. »Die Gruppe macht doch die Melanie.«

»Die aber leider mit Grippe zu Hause liegt.« Hilde klang fast so, als würde sie sich darüber freuen und überging seinen Zustand vollkommen. »Von unserer Nachbarstation kommen auch noch einige Herrschaften dazu, da die unterbesetzt sind und von uns heute nur Alex teilnimmt. Die anderen bleiben lieber auf der Terrasse.«

»Und die fremde Gruppe habe ich alleine?« Tom empfand das als ziemliche Zumutung, die Patienten einer fremden Station betreuen zu müssen.

»Na, das ist doch kein Problem, die beschäftigen sich sowieso selbst.« Damit ließ ihn Hilde stehen.

So musste er mit den Leuten basteln gehen. Im letzten Obergeschoss des Nebenpavillons befand sich ein größerer Werkraum, der einmal pro Woche für einen ausgiebigen Bastelnachmittag genutzt wurde. Für Patienten war es eine willkommene Abwechslung, aber für das Pflegepersonal bedeutete es, ständig auf der Hut zu sein, da die Vielzahl an vorhandenen Werkzeugen und Malutensilien gerne für Verletzungen sorgten.

»Wunderbar«, zerquetschte er leise zwischen den Zähnen und sammelte Alex ein, der bereits voller Freude wartete.

»Mach schöne Sachen, krieg immer Cola dafür«, sagte er als er hinter Tom aus dem Haus trottete. Er war immer der Erste, wenn es außerhalb der Station etwas zu tun gab und beim Basteln war er ganz in seinem Element.

Die anderen warteten schon im Freien vor dem Pavillon. Es waren drei ältere männliche Patienten, eine Dame im Rollstuhl und ein junger Arzt, der die Leute hergebracht hatte. Er begrüßte Tom mit einem kurzen Kopfnicken und sie gingen zum Lift.

»Ich bin Doktor Griesinger und bleibe gerne mit der Gruppe da, falls Sie Unterstützung brauchen«, meinte er zuvorkommend. »Natürlich nur, wenn Sie möchten.«

»Geht das denn?«, fragte Tom erfreut.

»Ja, ich habe nur Bereitschaft und wenn etwas sein sollte, benachrichtigt man mich.« Er klopfte dabei auf die Außentasche seines Kittels, wo sein Pieper steckte.

»Sehr nett von Ihnen«, nahm Tom dankend an und war froh, nicht alleine mit den unbekannten Patienten sein zu müssen. Da konnten sich andere Ärzte eine Scheibe abschneiden.

Nachdem sie die Rollstuhlfahrerin und die drei Männer in den Lift verfrachtet hatten, blieb gerade noch Platz für eine Person.

»Bitte fahren Sie mit, Herr Doktor«, sagte Tom und hielt Griesinger die Lifttür auf, »unser Alex und ich gehen zu Fuß. Es sind ja nur drei Stockwerke und der Alex fährt auch nicht gerne mit einem Aufzug.«

Die Türe schloss sich und er ging mit Alex zum Stiegenhaus. Dem wurde es tatsächlich unheimlich in Liften und wenn es Treppen gab, bevorzugte er diese.

Als sie in den dritten Stock kamen und um die Ecke zur Lifttür bogen, blinkte das rote Lämpchen.

»Machen roten Blitz«, sagte Alex sofort und deutete auf die Schalttafel. Auch oben bei der Stockwerksanzeige sprangen die Leuchtziffern ständig zwischen zwei und drei hin und her.

»Da müssen wir schnell hinunterschauen«, sagte Tom, »ob etwas nicht funktioniert. Vielleicht ist es ja nur ein Irrtum.«

»Nix Irrtum, wenn Blitze, dann nix fahren!« Alex war sehr aufgeregt, als sie wieder hinunterliefen. »Dann alles stecken!«

Tom wunderte sich über den logischen Schluss, aber vielleicht war Alex einmal in einem Lift stecken geblieben und die Angst darüber saß ihm noch im Nacken.

Als sie im zweiten Stock zur Aufzugstüre kamen, hörten sie bereits Rufe aus dem Liftschacht. Die Kabine saß tatsächlich zwischen den beiden Geschossen fest.

Die Frau im Rollstuhl wimmerte und weinte dazwischen.

»Was machen Sie denn? Kennen Sie sich denn gar nicht aus?«, schimpfte einer der Patienten lautstark und zornig.

»Hallo, wir stecken«, hörte Tom jetzt Doktor Griesinger in dem Stimmengewirr.

»Wir sind schon hier, Herr Doktor, direkt über Ihnen.« Tom rief die Worte mit möglichst sicherer und beruhigender Stimme hinunter, obwohl er nicht wusste, wie er im Augenblick helfen sollte. »Sind Sie alle wohlauf?«

»Ja, alles bestens, ich komme schon zurecht«, kam es vom Doktor dumpf aus dem Schacht zurück. »Nur beeilen Sie sich, denn die Dame im Rollstuhl hat Klaustrophobie.«

»Ich rufe sofort in der Verwaltung an …« Zumindest ist ein Arzt bei den Patienten, überlegte Tom und griff zum Diensthandy. Nun war er froh, dass Alex und er nicht auch im Aufzug steckten.

Die Verwaltung sandte Joschi, der nicht nur der Hausmechaniker, sondern auch der Mann für alle Fälle im Krankenhaus war. Als dieser kam, winkte er schon von weitem mit dem Schlüsselbund.

»Wir müssen in den Keller«, rief er den beiden entgegen, »dort ist die Türe zum Technikraum und da gibt es eine Kurbel, mit der wir den Aufzug händisch bewegen können.«

»Alex, du bleibst bitte hier, falls jemand kommt«, entschied Tom, »dann kannst du Auskunft geben, was los ist.«

»Bleiben und sagen«, nickte der Riese. Trotz seiner eigenen Aufregung freute er sich über den Auftrag und bezog Stellung am Flur, während Tom mit dem Haustechniker in den Keller lief.

»Shit! Der ist es auch nicht!« Joschi klang etwas genervt. Er hatte bereits alle Schlüssel von seinem Bund probiert, doch keiner passte. »Die müssen beim letzten Service das Schloss getauscht haben und der neue Schlüssel liegt wahrscheinlich irgendwo in der Verwaltung herum.«

»Und was jetzt? Ich weiß ja nicht, wie lange der Arzt die Leute noch ruhig halten kann!«

»Wir brechen auf«, sagte Joschi kurz entschlossen.

Er ging in den angrenzenden Kellerraum und holte die dort an der Wand befestigte Feueraxt. Er zog die Blechtüre an der Oberkante aus dem Rahmen, klemmte den langen Stiel dazwischen und lehnte sich dagegen. Bereits beim zweiten Versuch gab das Schloss nach und die Türe sprang mit einem lauten, metallischen Geräusch auf.

Dann deutete Joschi auf die große, eiserne Kurbel, die seitlich an dem Liftgestänge hing. Sie hatte vorne einen kantigen Kopf und einen längeren Griff aus Holz. Irgendwie erinnerte sie Tom an die alten Kurbelgestänge, mit denen man vor hundert Jahren Autos angestartet hatte. Er reichte sie dem Techniker hinüber, der sie in eine Führung in der Liftmechanik steckte und zu drehen versuchte – vergeblich. Von oben hörte man wieder leises Sprechen und Schimpfen durch den Schacht herunter.

»Sie müssen mir helfen«, stöhnte Joschi, dessen Gesicht vor Anstrengung schon rot anlief.

Tom zwängte sich in den engen Spalt zwischen Aufzug und Wand und versuchte den Griff von der anderen Seite zu fassen. Er hoffte nur, dass ihn nicht einer der wuchtigen Gestängeteile zerquetschen würde, wenn sich der Aufzug zu bewegen begann.

Mit vereinten Kräften zerrten sie an dem Holzgriff, aber außer einem kurzen Rucken brachten sie die Kurbel keinen Millimeter weiter.

»Machen wir das sicher richtig?«, keuchte Tom.

»Schon, aber wahrscheinlich ist die Schmierung schon so eingedickt, dass wir den Totpunkt nicht überwinden können. Am besten wir holen die Feuerwehr.«

»Alex ...«, sagte Tom und ließ die Kurbel los.

»Was?« Joschi verstand natürlich nicht, was er meinte.

»Ich hole den Alex, meinen Patienten, der hat Riesenkräfte. Wenn er es nicht schafft, können wir immer noch die Feuerwehr anrufen.«

»Na gut, wenn Sie meinen. Ich glaube zwar nicht, dass ein Mensch die Kraft hat ...«

Tom sprintete bereits nach oben.

»Alex, du musst uns helfen, wir sind nicht stark genug, um den Aufzug weiterzukurbeln«, rief er, als er keuchend im zweiten Stock ankam. Nach unten in den Liftschacht hinein sagte er beruhigend: »Gleich ist es soweit.«

Glücklicherweise hatte der Patient von Doktor Griesinger aufgehört zu schimpfen, nur die Frau im Rollstuhl zeterte noch leise.

Wieder im Keller legte Alex seine Schaufelhände um die Kurbel, die beinahe drinnen verschwand und grinste selig.

»Alex macht gut, kriegt Cola dann?«

»Ja, auch zwei, wenn du es schaffst«, versuchten sie ihm Mut zu machen. »Jetzt versuch es, bitte.«

Alex zog an der Kurbel, die eine Vierteldrehung machte, dann aber wieder steckte.

»Ah, brauchen große Kraft!« Er jubelte förmlich, dass sich die Kabine gegen seinen Versuch gewehrt hatte. »Jetzt geht sicher …«

Er ging etwas in die Knie, fasste die Kurbel so fest, dass seine Knöchel weiß wurden und dann kurbelte er in einem Zug mehrere Umdrehungen durch, bis die Kabine oben im Stockwerk einrastete.

»Wow«, entfuhr es sogar Joschi und er klopfte Alex anerkennend auf die Schulter. »Jemanden, der so stark ist, habe ich noch nie gesehen!«

Als sie wieder hinaufkamen, hatte Doktor Griesinger bereits die Lifttüre mit der Nottaste geöffnet und schob gerade den Rollstuhl aus der Kabine. Er hatte während der Rettungsaktion wirklich ganze Arbeit geleistet – unablässig redete er auf den lauten Patienten ein, erklärte ihm mit einfühlenden Worten die Situation und kümmerte sich um die ältere Patientin, damit sie einigermaßen gefasst in ihrem Rollstuhl blieb. Tom war angetan von dem jungen Arzt. Mit so einer Situation wären wahrscheinlich sogar viele ältere und erfahrene Kollegen überfordert gewesen.

Sie schafften die Patienten noch eine Etage höher in den Bastelraum und gingen dann in die kleine Teeküche, die angrenzend lag.

»Ich mache uns einmal Kaffee«, sagte Tom erschöpft und nieste, »den haben wir uns jetzt verdient.«

»Sie sind ja verkühlt«, stellte Griesinger fest und nahm ein Stethoskop aus der Tasche seines Kittels. »Lassen Sie mal hören.«

»Ist nur eine Sommergrippe«, sagte Tom und knöpfte bereitwillig sein Hemd auf. In der Aufregung hatte er seine Grippe ganz vergessen.

»Na, eine Grippe ist das nicht, sonst hätten Sie Fieber«, meinte Griesinger, während er ihn abhorchte. »Es ist eher eine Verkühlung mit einer leichten, linksseitigen Bronchitis. Ich habe leider keinen Block mit, dass ich Ihnen was aufschreiben könnte, aber es ist sowieso besser, Sie besorgen sich was Homöopathisches. Ich bin gar nicht für die Mengen an Chemie, die heutige Ärzte normalerweise verschreiben.«

»Und was sollte ich ...?«

»Einfach Belladonna-Dragees oder auch Tropfen«, er steckte das Stethoskop wieder ein, »die bekommen Sie in jeder Apotheke. Und schonen Sie sich ein paar Tage, dann wird das bald wieder.«

»Ja, Herr Doktor, da sind Sie!« Ein anderer Arzt kam in die Teeküche und nickte grüßend. »Ich suche Sie schon überall.«

»Was gibt's denn?«, wollte Griesinger wissen.

»Ihr Patient wartet unten schon auf Sie«, sagte der andere liebenswürdig, »bitte gehen Sie doch gleich mit Frau Christa mit, die bringt Sie direkt hin.«

Mit Christa war eine Krankenschwester gemeint, die hinter dem Arzt in die Teeküche gekommen war.

»Sie sehen, leider ruft mich die Pflicht«, sagte Griesinger zu Tom und stand auf. »Man hat eben nie seine Ruhe. Also, wenn Sie noch was brauchen, erreichen sie mich auf der Station.«

Er verabschiedete sich kurz und ging mit Schwester Christa hinaus.

»Sehr freundlich, dass Sie auf unseren Herrn Fleischer aufgepasst haben«, bedankte sich der Arzt jetzt bei Tom. »Er büxt uns in letzter Zeit öfters aus und es dauert dann immer eine Weile, bis wir ihn finden.«

»Herr Fleischer ...?« Tom war verwirrt.

»Ja, das ist sein richtiger Name, aber wenn er seine Schübe hat, dann glaubt er, er wäre Doktor Griesinger aus dem neunzehnten Jahrhundert, organisiert sich einen Arztkittel und spaziert im ganzen Krankenhaus herum.«

Tom schlug sich in Gedanken auf den Kopf – Griesinger, natürlich! Nun wusste er auch, wo er den Namen schon gehört hatte, der ihm so bekannt vorgekommen war. Wilhelm Griesinger war einer der Begründer der wissenschaftlichen Psychiatrie.

»Glücklicherweise haben Sie alles richtig gemacht und die Situation beruhigt«, meinte der Arzt noch, »denn wenn man ihn falsch anspricht, kann er ziemlich unangenehm und aggressiv werden.«

Tom vermied es, dem Arzt von der Liftpanne zu erzählen. Trotzdem fand er es erstaunlich, mit welcher Sicherheit der falsche Doktor aufgetreten und wie fürsorglich er mit den beiden Patienten in der Krise umgegangen war.

Am Abend nach dem Dienst fuhr er jedenfalls bei einer Nachtapotheke vorbei und besorgte sich Dragees mit Belladonna-Extrakt, schließlich hatte sie ihm Doktor Griesinger – und als dieser blieb er auch in seiner Erinnerung – verordnet.

Auch Alex vergaß das Erlebnis nicht so schnell. Natürlich bekam er nach der Befreiung der Patienten sein Cola und am nächsten Tag von Oberschwester Hilde sogar noch eines extra, als sie ihr die Geschichte erzählten.

Wie ein Kind, das für etwas großes Lob bekommen hatte, war er voll Stolz auf seine tolle Leistung und noch nach Wochen fragte er oft, ob im Krankenhaus nicht noch mehrere Aufzüge wären, die man kurbeln müsse.

Höhenangst

Toms Urlaub war wie im Flug vergangen. Nun saß er bei strömendem Regen und saukaltem Wiener Oktoberwetter wieder in der Straßenbahn und fuhr in den Dienst, noch dazu gleich in einen Nachtdienst. So war das immer – Urlaubswochen mussten einfach kürzer als Arbeitswochen sein, anders war das nicht zu erklären.

Alex, der Riese, drückte ihm zur Begrüßung beide Hände, also eigentlich zerdrückte er sie ihm fast, so als wäre er ein Jahr lang fortgewesen. Auch Paul freute sich augenscheinlich, dass Tom wieder da war und sogar Rostock nickte kurz und militärisch in seine Richtung. Das versöhnte ihn einigermaßen mit dem ersten Nachurlaubstag, denn seine schrägen Vögel waren ihm inzwischen recht ans Herz gewachsen.

Seit einer Woche hatten sie auf der Station einen neuen Patienten namens Stefan. Tom sollte dann in den Pflegestandsmeldungen das Wichtigste über ihn nachlesen, meinte Hilde. Also nahm er sich nach dem Abendessen, während alle vor dem Fernseher saßen, die Unterlagen.

Stefan Wessely, geboren in Salzburg, war fünfundvierzig Jahr alt und stammte aus einer gutsituierten Familie. Er hatte – gemeinsam mit seinem Bruder Eugen – den väterlichen Betrieb übernommen. Sie besaßen zwei Geschäfte, eines in Salzburg und eines in Wien, und handelten mit Ausrüstungen für die Jagd, von Rucksäcken und Taschenlampen bis hin zu Jagdhörnern.

Bereits in jungen Jahren war bei ihm erstmals eine massive Zwangsstörung aufgetreten. Er litt unter dem spontanen Impuls, sich fallen zu lassen – anfangs nur zu Boden, später dann von Leitern oder Treppen. Zweimal war er deswegen schon in ambulanter Behandlung gewesen, hatte sein Leben aber danach wieder annähernd normal aufgenommen. Vor drei Monaten jedoch, als er zur Jagdgesellschaft bei einem seiner Kunden eingeladen war, ließ er sich aus fünf Metern Höhe aus dem Hochstand fallen. Er überlebte mit mehreren Knochenbrüchen und Quetschungen, kam aber nach dem Ausheilen seiner Verletzungen auf die Station in eine intensive Tagestherapie und verbrachte die Nächte in einer betreuten Wohneinrichtung, wo er auch nachts unter einer gewissen Kontrolle stand.

Was es doch alles gab, wunderte sich Tom. Er war über der Lektüre eingenickt, als gegen sechs Uhr früh die Nachricht kam.

»Ich wollte Ihnen nur sagen, dass Herr Wessely verschwunden ist«, tönte eine Stimme aus dem

Telefon. Es war die Aufsicht der Wohngemeinschaft.

»Seit wann?«

»Genau kann man es nicht sagen, er muss in der Nacht weggegangen sein, ich habe es etwa vor einer Stunde bemerkt.«

»Ja, danke für die Information, was unternehmen wir jetzt?«

»Im Moment gar nichts«, kam es zurück, »ich habe laut Vorschrift die Polizei verständigt, mehr kann man in so einem Fall nicht tun.«

Er hatte aufgelegt. Etwas später kam über Fax noch eine Kopie der Meldung, die davor an die Polizei gegangen war. Sie bestätigte, dass der Patient, bekleidet mit Jeans und einem grünen Parka, abgängig war.

Als um halb sieben Schwester Hilde kam, berichtete ihr Tom von dem Vorfall. Sie war ebenfalls besorgt.

»Vielleicht könnten Sie schauen, ob Sie ihn irgendwo sehen, weil, die Polizei unternimmt so schnell sicher nichts. Weit kann er ja nicht sein, es ist ja nur ein Katzensprung von der Wohnung bis hierher.«

Tom bat noch einen Kollegen, ihn bei der Suche zu begleiten. Widerwillig erklärte dieser sich nach einiger Überredungsarbeit bereit mitzukommen.

Eine halbe Stunde später, sie waren den Weg zwischen Krankenhaus und betreuter Wohneinrichtung, in der Herr Wessely logierte, bereits zweimal abgegangen und hatten in jede Seitengasse hineingesehen, gaben sie schließlich auf.

»Sinnlos«, sagte der Kollege, »Wessely könnte überall sein und wenn er bereits in der Nacht weggegangen ist, dann müssten wir halb Wien absuchen.«

»Du hast recht«, meinte Tom und war sicher, dass ihr Vorhaben kein Resultat mehr bringen würde.

»Dann beenden wir doch die Suche und genehmigen uns ein kleines Frühstück bei Herta.«

»Okay, hört sich gut an, ich bin dabei.«

Das kleine Café Herta lag in einer versteckten Sackgasse, direkt an der Außenmauer des Krankenhauses, und war ein Geheimtipp. Natürlich einer, von dem alle wussten, dementsprechend voll war es dort meistens. Herta, so hieß die Besitzerin des Cafés, sperrte bereits um sechs Uhr morgens auf und man konnte dort, wenn man in den Dienst ging oder von ihm kam, herrliche Butterkipferl, Schinkenweckerl oder Käsestangerl bekommen. Dazu gab's mehrere Sorten Kaffee, Tee oder Kakao – ein Paradies für übernächtige Schlemmer.

Als sie in die Sackgasse einbogen, zupfte der Kollege Tom an der Schulter.

»Hast du nicht gesagt, der Wessely hätte einen Parka und Jeans an?«, fragte er dazu und blieb stehen.

»Ja, so stand es in der Meldung an die Polizei.«

»Schau mal ...« Der Kollege deutete nach oben. »Da ist er ja!«

Tom folgte seinem Zeigefinger und erstarrte. Sie standen vor einer Baustelle in der Gasse, wo, eingezwängt zwischen zwei Häusern, ein hoher Kran stand. Ganz oben auf dem Ausleger turnte eine Gestalt, beugte sich über das Metallgestänge und schaute nach unten in die tiefe Baugrube. Die Gestalt war eindeutig männlich, hatte einen grünen Parka an und darunter Jeans – Stefan Wessely.

»Nun hat er anscheinend etwas gefunden, wo sich das Hinunterfallen einmal lohnt«, bemerkte der Kollege sarkastisch.

Tom hatte ihm unterwegs die Geschichte von Herrn Wessely erzählt und fand die Bemerkung wirklich nicht angemessen in der Situation. Aber er nahm sich keine Zeit darüber nachzudenken.

»Ruf im Spital an und die Polizei«, rief er, spurtete los und versank durch den Regen des Vortags bis zu den Knöcheln im aufgewühlten Matsch.

»Hey, was machen Sie?«, rief einer der beiden Arbeiter, die gerade aus dem Mannschaftscontainer kamen.

Tom ließ sich jedoch nicht aufhalten und rannte weiter, bis zu dem Betonsockel des Krans. Dort kletterte er in das Gewirr von eisernen Verstrebungen.

»Warten Sie, bleiben Sie stehen ...«, brüllte er dabei nach oben. Wessely hielt weder inne noch schaute er zu ihm herunter, ja anscheinend hörte er ihn gar nicht, so besessen war er von seinem Plan. Tom blieb also nichts anderes übrig, als zu ihm hinaufzuklettern. »Ich komme zu Ihnen hinauf, ich hole Sie!«

An einer Innenseite des Gittermastes waren die Verstrebungen zu einer Eisenleiter zusammengeschweißt. Die stieg er nun so schnell es ging nach oben, immer wieder beruhigende Worte rufend. Dabei fluchte er leise vor sich hin, denn nach seiner Erfahrung mit dem selbst ernannten Baumeister Valentin hatte er sich geschworen, nie wieder eine Baustelle zu betreten.

Oben, bei dem Ausstieg in den Ausleger, schnaufte er kurz durch. Einige Meter vor ihm stand Wessely und schaute noch immer in die Tiefe. Tom turnte vorsichtig nach vorne, um ihn nicht zu einer Überreaktion zu veranlassen, dann packte er ihn mit festem Griff an der Schulter.

»Ja, sind S' denn vollkommen geistesgestört?«, schrie der Mann im grünen Parka und fuhr herum.

»Was erschrecken S' mich denn, woll'n Sie am Ende, dass ich hinunterstürz?«

Mit einem zornigen Griff riss er sich die grauen Schallschützer von den Ohren, die Tom davor nicht bemerkt hatte. Jetzt fiel ihm auch auf, dass die Jeans eigentlich blaue Monteurshosen waren und auf dem Parka prangte groß und deutlich das Logo der Kranfirma.

»Ich hab' geglaubt ...«, stammelte er. »Was machen Sie denn hier oben?«

»Na, das ist gut«, schüttelte der Mann unfreundlich den Kopf. »Das müsst ich Sie fragen, was Sie auf meinem Kran machen, Herr. Ich bin als Kranführer für alles da heroben verantwortlich. Sind Sie überhaupt von unserer Firma?«

»Nein, nein. Ich bin Krankenpfleger in dem psychiatrischen Krankenhaus und such einen unserer Patienten, der ...«

»Den werden S' da aber nicht finden und jetzt schau'n S', dass S' hinunterkommen. So eine Frechheit!«

Der Mann war hier offenbar gestanden und hatte vor der Arbeit nur eine Zigarette geraucht. Nun schmiss er den Stummel hinunter in die Grube und turnte geschickt an Tom vorbei in Richtung Führerkabine. Der drehte sich zurück, um wieder in den Gittermast zu klettern. Ziemlich hoch, dachte er dabei und dann – das war sein entscheidender Fehler – schaute er hinunter.

Ohne Vorwarnung traf ihn ein momentaner, fast schmerzhafter Schwindelanfall, so als würde jemand direkt in seinen Kopf stechen. Zugleich wurde das Bild vor seinen Augen dunkler und Tom murmelte verzweifelt: »Wenn ich jetzt das Bewusstsein verliere, stürze ich Hals über Kopf in die Baugrube.«

Instinktiv fuhren seine Hände nach vorne und krallten sich an dem eisernen Gestänge fest. Sein Herz begann zu rasen und tief in seinem Bauch stieg eine furchtbare Angst hoch.

»Was ist denn jetzt?«, versuchte er sich Mut zu machen. »Krieg dich wieder ein.« Aber sein Ringen um Klarheit machte das Taumeln beinahe noch stärker.

»Was haben S' denn?«, rief nun auch der Kranführer, der inzwischen in seiner Kabine saß. »Warum gehen S' denn nicht weiter?«

»Ich, ich kann nicht ...«

»Sind doch nur ein paar Schritte bis zur Leiter.«

»Ja, aber ich kann hier nicht auslassen!«

Er fixierte den Kranführer mit stierem Blick. Ein wenig wurde ihm dadurch besser und der Schwindel ließ nach. Nur die Angst, die blieb unvermindert. Höhenangst, er hatte anscheinend Höhenangst, von der er bisher nichts wusste. Mit tiefen Atemzügen versuchte er sich zu beruhigen, was nur teilweise gelang, da die Furcht vor der Baugrube, die dort unten förmlich nach ihm schrie, nicht aufhörte.

»Oje«, der Kranführer klang nun etwas versöhnlicher. »Na, dann bleiben S' steh'n, ich hole Sie. Wir haben eh grad eine Gitterpaletten d'rauf.«

Tom wusste zwar nicht, was er mit *ich hole Sie* meinte, aber zumindest hörte es sich recht professionell an und beruhigte ihn ein wenig. Das hielt jedoch nicht lange an, denn auf einmal begann das Gestänge zu dröhnen, der ganze Kran schwankte hin und her und die eiserne Laufkatze fuhr auf ihn zu. Mit einem leisen Aufschrei verbissen sich seine Finger noch fester in die Metallstreben.

Mit einem Ruck hielt das Fahrgestell vor ihm an und aus den Augenwinkeln sah er, dass so etwas wie ein Korb hochfuhr, der direkt unter ihm hielt.

»Klettern S' da hinein!«, rief es von der Führerkabine.

»Geht nicht!«

»Muss es aber, sonst hol' ich die Feuerwehr.«

Einen größeren Auflauf wollte Tom natürlich vermeiden, also setzte er sich zitternd auf die unterste Kranstrebe, fasste eine der Ketten, die den Korb hielten und ließ sich mit an Todesverachtung grenzendem Mut hineinrutschen. Kaum kauerte er auf dem Boden, ging die Fahrt wie mit einem Expresslift nach unten.

»Was war denn los?«, fragte der Kollege besorgt, der das Schauspiel von unten beobachtet hatte und nun auf die Baustelle gelaufen kam.

»Geht schon«, winkte Tom ab, dabei lehnte er sich zitternd und kreidebleich an die Wand des Mannschaftscontainers. Nur langsam verging das scheußliche Gefühl der letzten Minuten.

»Bald vorbei, wir erleb'n öfter mit Leuten, die nicht sicher sind wenn hoch«, lachte einer der Arbeiter und reichte eine Bierflasche und ein Stück Semmel hinüber. »Da nehmen, abbeißen und Schluck trinken.«

Mechanisch nahm Tom einen Mundvoll von dem Bier und kaute ein Stück Semmel. Eigentlich erwartete er, sich daraufhin anzukotzen, aber überraschenderweise ging es ihm sofort besser und der Krampf im Magen ließ nach.

»Das mit dem Gitterkorb muss unter uns bleib'n, sonst bin ich meinen Job als Polier los«, meinte der Kranführer noch, der ebenfalls heruntergeklettert war. »Also verschwinden S' jetzt schnell von der Baustell' und wir vergessen die Sache.«

Tom nickte und drehte sich zu seinem Kollegen. »Das war ja gar nicht der Wessely.«

»Hat aber von herunten so aus'gschaut«, verteidigte der sich sofort. »Aber warum bist denn raufgeklettert, wenn du die Höhe nicht vertragst?«

»Das hab' ich ja bisher nicht gewusst ...«

Im gleichen Augenblick läutete sein Handy. Geschafft nestelte er es aus der Tasche – es war die Station.

»Gut, dass ich Sie erreiche«, tönte die freudige Stimme von Oberschwester Hilde aus dem Telefon. »Der Wessely ist gerade aufgetaucht, ihm war nicht gut in der Nacht und er ist spazieren gegangen, aber jetzt ist er da. Also genießen Sie Ihren freien Tag.«

Tage des Streits

»Nein, nein! Sie hätten das eintragen sollen, das ist fix!« Oberschwester Hildes Stimme schwoll zu voller Lautstärke an und drang nun durch die angelehnte Bürotüre bis hinaus auf den Flur. »Wenn das so weitergeht, werden Sie sich hier nicht lange halten. Und das ist ein Versprechen!«

Um ja nicht in die Diskussion verwickelt zu werden, schob Tom den schweren Servierwagen mit dem Frühstück, das er gerade austeilte, rasch an dem Dienstzimmer vorbei. Der junge Kollege war nur mit einer langsamen Auffassungsgabe gesegnet und vergaß auch meistens die Eintragungen im Dienstbuch durchzuführen. Statt aber eine einfache Entschuldigung zu murmeln, regte er sich über Hildes Zurechtweisungen auf und schob die Schuld der Kollegenschaft zu. Die Situation hatte sich jetzt anscheinend zugespitzt, denn die Stationsschwester war gefährlich in Fahrt.

»Wieso verspricht man uns Croissants, wenn es dann nur Butterhörnchen gibt?«, riss Rostocks Stimme Tom aus seinen Gedanken.

»Was?« Er begriff nicht, was Rostock meinte.

»Auf der Speisetafel steht«, setzte Rostock schon nach und deutete auf den Speiseplan, der für das

Frühstück sowieso täglich gleich war, »angeboten werden drei Sorten Frühstücksgebäck: Brot, Semmeln und Croissants.«

»Richtig!« Tom deutete auf den Brotkorb in der Mitte des Tischs, in dem das geforderte Gebäck lag.

»Richtig?« Rostock klang entsetzt. »Sind das vielleicht Croissants?«

»Was denn sonst?«

»Butterkipferl!«, sagte er gedehnt und das *Kipferl* betont überzeichnet wienerisch.

»Wo ist denn da der Unterschied?«

»Mein lieber junger Freund!« Rostock blies hörbar die Luft aus. »Ein Croissant ist eine flaumige französische Delikatesse ...«

»Und ein Butterkipferl?«

»Ein schweres österreichisches Irgendwas! Ich darf das sagen, denn als Deutscher stehe ich den beiden Nationen neutral gegenüber. Ich bin froh, dass Sie nicht für eine Armee zu sorgen haben – wir würden aus Übersättigung jede Schlacht verlieren.«

»Im Krieg wären wir froh gewesen, wenn wir überhaupt etwas gehabt hätten«, mischte sich nun Tante Rosa ein.

»Pah, was wissen Frauen denn schon vom Krieg? Außerdem waren Sie da sicher noch ein Kind.«

Tom drehte sich um und ließ die beiden stehen. Wurde denn überall nur gestritten?

»Das ist Frau Niederl, die ist seit gestern Abend bei uns«, sagte Melanie etwas später zu Tom und deutete auf eine kleine, etwas dickliche Person in einem grauen Wollpulli, die im Speisesaal auf einem Stuhl am Fenster saß und hinausschaute. »Aber Achtung, die Ruhe täuscht.«

»Wirkt ganz friedlich, was hat sie denn getan?«

»Sie ist eine sehr zornige Person und mag überhaupt nicht hier sein. Es hat heute vor dem Frühstück schon ein Problem gegeben. Als ich sie unseren Leuten vorgestellt habe und der Paul sie begrüßen wollte – na, du weißt ja, wie er das macht – hat sie ihm mit der Faust die Hand weggeschlagen und ihn attackiert.«

»Und dann?«

»Wir haben ihr eine Spritze gegeben, was nicht leicht war, denn die Frau hat unheimliche Kräfte und panische Angst vor Berührungen. Sie ist dann den ganzen Tag am Zimmer gewesen und erst vor einer Stunde herausgekommen. Es wäre gut, wenn sie gemeinsam mit den anderen essen würde, damit sie Kontakt bekommt.«

Theodora Niederl war Braumeisterin, sie hatte ihre Bärenkräfte also eindeutig von ihrer Arbeit. Nur die Berührungsängste waren im Zusammenhang mit dem Beruf eigenartig. Tom kannte zwar keinen Bierbrauer persönlich, stellte sich die Mitglieder dieses Berufsstandes aber als gemütliche Schulterklopfer vor, gesellig und unaufgeregt. Aber Frau Niederl war sicherlich schon lange in Pension und das genaue Gegenteil. Das spürte er sofort, als er jetzt zu ihr ging, um sich vorzustellen. Tom machte das, ohne ihr die Hand hinzustrecken. Trotzdem reagierte sie mit einem ärgerlichen Brummen, stand vom Stuhl auf und ging auf Abstand.

»Essen Sie hier mit den anderen?«, fragte Tom höflich.

»Meinetwegen, aber nur wenn mir die Leute vom Leib bleiben und niemand krank ist.«

»Unsere Mitbewohner sind alle äußerst gesund, Frau Theodora«, versuchte er sie aufzumuntern.

»Sie sind gerade gekommen, Sie können das gar nicht wissen und mein Name ist Niederl«, kam es unfreundlich zurück.

Eine Viertelstunde später kamen die Leute zum Essen. Frau Niederl hatte sich gleich an den ersten Tisch zum Fenster gesetzt und blickte jeden, der sich näherte, übellaunig an.

»Das ist aber mein Platz!« Wessely hatte sich forsch genähert und baute sich vor dem Tisch und Frau Niederl auf.

Sie machte nur eine wegwerfende Handbewegung, die *verschwinde hier* bedeutete, und rückte ihren Sessel demonstrativ näher zum Teller.

»Stehen Sie sofort auf!« Wessely, sein Platz war ihm wichtig, schlug nun auch einen lauten Ton an.

»Ich denke nicht daran«, konterte Frau Niederl bewusst provokant.

»Sie können nicht hierherkommen und sich einfach einen Platz aneignen.«

»Sie sehen, dass ich es kann. Und jetzt lassen Sie mich in Ruhe und gehen Sie weg.«

»Na, das werden wir ja sehen.«

Wessely nahm die Frau bei ihrem Pullover und versuchte sie hochzuziehen. Das hätte er lieber nicht tun sollen. Sie sprang mit einem feindseligen Laut auf, holte aus und als Tom dazwischen sprang, donnerte ihre Faust genau auf seine Wange.

Einen Augenblick lang glaubte er, ein Pferd hätte ihn getreten. Wo nahm diese kleine Frau solche Kräfte her? Dann begann Frau Niederl auch schon zu toben und die Teller um sich zu werfen. Dabei schimpfte sie lauthals vor sich hin.

Nur mit äußerster Anstrengung gelang es, die Wutschnaubende zu bändigen und in ihr Zimmer zu schaffen. Der herbeigeeilte Arzt versorgte Toms sich zusehends rötende Wange.

»Sind alle Zähne noch drinnen?«, fragte er grinsend.

»Ich weiß es nicht, ich hab' noch kein Gefühl. Es ist wie nach einer Spritze beim Zahnarzt.«

Es war kurz nach Mitternacht, der Arzt döste im Dienstzimmer über den Skripten eines Fortbildungslehrganges und Tom machte eine Kontrollrunde. Danach nahm er sich Frau Niederls Krankenakt. Sie hatte eine schwere Lebenszeit hinter sich. Wegen ihrer verschiedenen Zwänge und Störungen war sie bereits des Öfteren in psychiatrischer Behandlung gewesen. Vor drei Jahren kamen ihr Mann und ihre Tochter bei einem Autounfall ums Leben, seit damals war sie nicht mehr fähig zu arbeiten, verlor den Job in der Brauerei und wurde zum Sozialfall.

Tom stand eine Weile in der kalten Nachtluft auf der Terrasse und kühlte seine noch immer schmerzende Backe. Trotzdem tat ihm Frau Niederl leid. Wie schnell man doch alles verlieren konnte, dachte er.

Als er seinen Gang fortsetzte, blieb er vor dem Zimmer von Frau Niederl kurz stehen und machte zur Sicherheit einen Blick hinein. Sie war weg. Sofort drehte er das Licht auf – das Bett war leer. Wo war sie?

Tom überlegte kurz, Alarm zu schlagen, dann entschied er sich aber zuerst für eine Suchaktion.

Die Gänge der Station waren leer, alles war ruhig und die Ausgangstüre ordnungsgemäß versperrt. Als er Richtung Dienstzimmer ging, um nun doch den Sicherheitsdienst zu verständigen, bemerkte er, dass die Türe von Tante Rosas Zimmer einen Spalt offenstand. Rosa sperrte nie ab und bei dem Gedanken, was ihn drinnen erwarten würde, blieb ihm kurz das Herz stehen. Als er die Tür sachte aufdrückte, fiel der Lichtschein auf das Bett. Dort lag Theodora Niederl und hinter ihr, ganz an ihren Rücken gekuschelt und sie wie ein kleines Kind schützend umfangen, lag Tante Rosa.

Tom blieb eine Weile stehen und blickte gerührt auf die friedliche Szene. Dann ging er vorsichtig hinein und zupfte Tante Rosa am Ärmel. Sie war sofort wach und bedeutete ihm, leise zu sein.

»Frau Niederl kann nicht hierbleiben, sie muss zurück in ihr Zimmer«, flüsterte Tom aufgeregt.

»Schon gut«, wisperte Rosa zurück und deutete beschwichtigend in Richtung Türe, »gehen Sie nur, ich mach' das schon.«

Wohl war ihm bei dem Gedanken nicht, aber er wollte auch keinen rabiaten Anfall bei Frau Niederl auslösen. Also ging er hinaus und blieb vor der geöffneten Türe stehen.

Tante Rosa zog Frau Niederl hoch und führte die Schlaftrunkene über den Gang in ihr Zimmer, dabei strich sie ihr sanft über den Rücken. Frau Niederl ließ es geschehen, legte sich brav in ihr Bett und schlief sofort wieder ein. Tom schüttelte fasziniert den Kopf und drückte Rosa die Hände.

»Danke.«

»Aber gerne, sie hat sich zu mir gelegt, wahrscheinlich war ihr die Aufregung am Abend zu viel und sie hat sich allein gefühlt.« Rosa legte Tom die Hand auf den Arm. »Wissen Sie, wir Patienten sehen die Welt vielleicht manchmal anders, aber wir brauchen die gleiche Zuneigung wie alle Menschen.«

Ab dieser Nacht stand Frau Niederl unter dem Schutz von Tante Rosa, die sie nun Theodora nennen durfte. Bei ihr fand sie die Geborgenheit, die sie so lange vermisst hatte. Und manchmal gingen die beiden sogar eingehängt spazieren.

Kollisionen

»Sie müssen die Leute dort entsprechend informieren und Toni entsprechend einweisen«, sagte Oberschwester Hilde und drückte Tom die Mappe mit den Papieren und Tonis Koffer in die Hand.

»Aber sie ist doch gar nicht meine Patientin«, wollte er sich aus der Sache winden.

»Jetzt schon, denn nachdem Herr Valentin ja nicht mehr bei uns ist, haben Sie nur mehr Tante Rosa und Rostock, darum übernehmen Sie jetzt Toni.«

Damit war die Besprechung beendet und Tom hatte eine Aufgabe, um die ihn sicher niemand auf der Station beneidete.

Toni, das war Antonia Frankl, eine Frau mittleren Alters, groß, kräftig, mit einem grobknochigen Gesicht und auf den ersten Blick nicht unsympathisch. Sie stammte aus einer Bauernfamilie, liebte ihr Hauskleid mit bunten Blumen auf hellgrünem Grund und meistens trug sie die Haare zu einem festen Knoten am Hinterkopf zusammengedreht.

Die letzten Jahre, bevor sie auf die Station gekommen war, hatte sie bei ihrer Tochter verbracht, die auf einem kleinen Hof außerhalb der Stadt lebte. Nach einigen Jahren geduldvollen Ertragens der Anfälle ihrer Mutter hatte sie ihr Mann aber schließlich doch überredet, Antonia ins Krankenhaus zu bringen.

Kannte man Antonia, die viel lieber ein Mann gewesen wäre und daher darauf bestand nur Toni gerufen zu werden, näher, tat man sich schwer den positiven Eindruck von ihr zu behalten. Zunächst einmal besaß sie ein beachtliches Organ – man hörte sie schon von weitem, vor allem, wenn sie so richtig in Fahrt war, was öfters vorkam. In ihrer Aufregung warf sie dann gerne einen ihrer Pantoffel nach jemandem. Dazu muss man wissen, dass dies schwere Holzpantoffeln waren und sich alle dann rasch nach einer Deckung umsahen. Eine weitere Eigenart musste Herr Probst bereits am Tag ihrer Aufnahme schmerzhaft kennenlernen. Sie fuhr Männern ansatzlos in den Schritt, drückte wie ein Schraubstock zu und sagte dabei grollend: »Weg damit!«

Das alles wäre noch als übliches Zwangsverhalten zu erklären gewesen, aber tatsächlich bemerkenswert war Tonis abgrundtiefer Hass gegen Waschmaschinen. Der führte letztlich auch zu ihrer Einweisung, nachdem sie bereits die zweite Waschmaschine ihrer Tochter mit der Scheibtruhe zur Senkgrube des Bauernhofes geschafft und dort *ertränkt* hatte.

Toni war stationär, bekam aber recht bald die Erlaubnis – nachdem sie gut auf die Medikamente ansprach – in einer betreuten Wohngemeinschaft zu schlafen und nur tagsüber zu den Therapien und Tagesaktivitäten im Krankenhaus zu sein. Durch dieses Modell ließ man den stabileren Patienten eine gewisse Freiheit und ein Maß an Eigenständigkeit. Es sollte bei leichteren und gut therapierbaren Störungen auch ein Schritt zur Wiedereingliederung in ein normales Leben sein.

»So, Frau Antonia«, meinte die Betreuerin vor Ort, »ich zeige Ihnen Ihr Zimmer, gell. Ich bin die Franziska, also einfach Franzi, gell. Ich freu' mich, dass Sie bei uns einquartiert wurden. Wir sind eine kleine Gemeinschaft, da gibt es immer einen guten persönlichen Kontakt und auch in unserem Garten ist es schön, gell.«

»Toni!«

»Wie bitte?«

»Toni heiß ich.«

»Ah, na bitte, dann kommen Sie, Frau Toni.«

»Ohne Frau, Sie heißen ja auch nur Franzi!«

Die beiden gingen, die Art des Ansprechens weiter ausdiskutierend, in den oberen Stock hinauf.

Die Wohngemeinschaft lag in Burgdorf, einem Ort etwas außerhalb der Stadt, war aber über eine

Schnellstraße vom Krankenhaus aus bequem in fünfzehn Minuten zu erreichen. Zum Unterschied von den Wohnstellen in Wien, die meistens in normalen Mietshäusern untergebracht waren, lebten die Patienten hier in einem eigenen Haus mit Garten. Das Gebäude dürfte früher die Dorfschule gewesen sein. Es gab im Erdgeschoss und im oberen Stock jeweils vier Zimmer und zwei Badezimmer, getrennt für Männer und Frauen. Unten waren dann noch Küche, Speisesaal und Wirtschaftsräume und oben ein großer Gemeinschaftsraum mit riesigem Flatscreen.

Außerdem schien es hier relativ sicher zu sein. Auf der Straße vor dem Anwesen gab es wenig Verkehr und nur zweimal täglich fuhr ein Postbus Richtung Wien.

Es war Mitte Dezember und ein grauer Samstagmorgen als Oberschwester Hilde nach Tom rief und auf den Lautsprecher der Telefonanlage drückte. »Da ist jemand für dich …«

»Hier ist Schwester Franzi aus Burgdorf«, kam es vom anderen Ende. »Es ist wegen der Frau Frankl, Sie sollten wirklich schleunigst herkommen, gell!«

»Ja, was ist denn?«

»Na, das will ich Ihnen gerne persönlich sagen, aber wir haben gerade den Notarzt dagehabt«, kam ein Redeschwall aus dem Hörer. »Es war gleich in der Früh so um dreiviertel sechs, direkt nach dem Wecken im Waschraum, gell. Ich bin nur froh, dass eigentlich nichts passiert ist …«

»Ist der Toni was zugestoßen?«

»Nein, der Toni nicht, aber trotzdem geht es um sie. Und das ist ziemlich peinlich, kann ich Ihnen sagen.«

»Und was soll ich jetzt tun?«

»Herkommen, gell, und mit der Frau Frankl ein ernstes Wort reden.«

»Aber ich bin im Dienst …«

»Na gut, dann hol' ich die Polizei, weil sie hat sich nämlich im Bad eingesperrt, gell. Sie will nur mit Ihnen reden.«

»Dann fahr halt hinaus«, murmelte Hilde dazwischen, die das Gespräch über Lautsprecher mitgehört hatte. »Wir kommen hier schon zurecht.«

Tom blieb wirklich nichts erspart. »Also gut«, sagte er laut, »aber lassen S' die Polizei aus der Sache raus. In einer halben Stunde bin ich da.«

Mürrisch stieg er in den Wagen und fuhr durch die noch wenig belebten Wiener Vorstadtstraßen in Richtung Burgdorf. Eigentlich war es ja überhaupt nicht seine Angelegenheit, dachte er. Im Gegenteil, bei größeren Problemen müsste er korrekterweise die Polizei oder den behandelnden Arzt des

Krankenhauses verständigen, um sich nicht selbst strafbar zu machen. Und so freundlich war Toni ihm gegenüber in der Regel auch nicht, dass seine Extratour gerechtfertigt wäre. Aber trotzdem wollte er sie vor polizeilichen Prozeduren schützen und irgendwie schmeichelte es ihm insgeheim, dass sie nur mit ihm sprechen wollte.

»Wird schon nicht so schlimm sein, gell ...«, murmelte er leise im Tonfall von Schwester Franziska vor sich hin und musste im gleichen Augenblick darüber lachen.

Toni war jetzt seit fast zwei Monaten in der Wohngemeinschaft und es hatte bisher keinerlei Probleme gegeben, außer einigen Beschwerden wegen ihres manchmal spontanen Werfens der Holzpantoffel. Aber das kannten inzwischen alle zur Genüge und wenn man sich rasch genug duckte, dann geschah auch nichts. Sie erzählte Tom sogar, dass sie sich mit einem gewissen Herrn Leopold, einem Mitbewohner der Gemeinschaft, angefreundet hatte. Sie begleitete ihn oft zum Einkaufen, da die meisten Menschen unfreundlich auf ihn reagierten. Leopold hatte ein ausgewachsenes Tourette-Syndrom und schnitt den Leuten auf der Straße die fürchterlichsten Grimassen, wozu er laut und schrill auflachte. Wenn er aber mit Toni ging und sie ihn fest am Arm hielt, konnte er sich für eine gewisse Zeit beherrschen und wenn es dann doch passierte, begegnete Toni dem Unmut der Passanten äußerst rüde.

»Was glotzen S' denn so blöd, haben S' noch nie einen kranken Menschen geseh'n?«, bekamen die Umstehenden zu hören. Nachdem sie in den lokalen Läden bereits als *die Pantoffelwerferin* bekannt und berüchtigt war, verzogen sich die Leute meistens dann sehr rasch.

So hatte sich in den letzten Wochen fast eine Freundschaft zwischen Toni und Leopold entwickelt. Immer wieder, wenn sie nach ihren Therapiestunden davon berichtete, hatte Tom den Eindruck, als würden ihre sonst so harten und manchmal traurigen Augen, ein wenig aufleuchten.

Ganz anders war das Bild, das sich ihm bot, als er in Burgdorf ankam. Bereits am Eingang war Tonis kräftiges Organ zu vernehmen, nur unterbrochen von dem unregelmäßigen, schrillen Auflachen des Herrn Leopold. Drinnen im Speisesaal standen sich die beiden gegenüber und stritten offensichtlich, dass die Fetzen flogen. Leopold schnitt seine Grimassen in Richtung Toni und sie schimpfte zornig zurück. Glücklicherweise waren die Kampfhähne durch den großen Tisch getrennt.

Tonis Schuhe lagen im Vorhaus, die sonst so resolute Schwester Franziska stand neben der Türe zur Küche und duckte sich hinter den Türstock.

»Da sehen Sie«, keuchte sie verzweifelt. »Gut, dass Sie da sind, gell, sonst hätt' ich jetzt wirklich die Polizei geholt!«

»Ich habe geglaubt, die Toni hat sich im Waschraum eingeschlossen?«, fragte Tom erstaunt, weil er sie hier in Aktion sah.

»Ja, aber er hat keine Ruhe gegeben und hat immer laut gelacht vor der Tür und da ist sie auf einmal herausgeschossen ...«

»Jetzt ist es aber genug«, schrie Tom mit aller Kraft in den Speisesaal, ging festen Schritts hinein und baute sich breitbeinig neben dem Tisch auf. Anscheinend geschah dies so unerwartet für die beiden, dass es augenblicklich still war und das Treiben aufhörte. Leopold versuchte zwar noch eine Grimasse, die Tom ihm jedoch mit einer forschen Handbewegung abschnitt.

»Sie gehen bitte auf Ihr Zimmer!« Er deutete in Richtung des ersten Stocks und Leopold ging, ohne eine Miene zu verziehen oder irgendeine Bemerkung zu machen. Dann holte Tom Schwester Franziska aus ihrer Deckung und schloss die Türen des Speisesaals.

Toni beobachtet ihn dabei und der Zorn wich langsam aus ihrem Blick. Sie zog sich einen der Sessel hin und setzte sich. Sie sah jetzt blass, ja beinahe erschöpft aus, was ihn wirklich überraschte, denn so hatte er sie noch nie erlebt.

Schwester Franziska holte ein Glas Wasser und eine Küchenrolle und reichte Toni beides hin. Die wischte sich den Schweiß von der Stirn und trank einen Schluck. Langsam bekam sie wieder Farbe.

Franziska berichtete, unterbrochen von einigen, nun wieder lautstarken, Zwischenbemerkungen Tonis, die Vorkommnisse: Herr Leopold war im Männer-Waschraum nackt aus der Dusche gekommen, ohne vorher zu schauen, ob vielleicht jemand anderes im Badezimmer wäre. Toni, zu bequem die Treppe hinunter in das Badezimmer für Frauen zu gehen, dachte, alle wären bereits beim Frühstück und putzte sich einfach hier ihre Zähne. Plötzlich sah sie Leopold und seine Männlichkeit im Spiegel.

Hier warf Toni ein, sie wäre sich sicher gewesen, er wolle *etwas mit ihr machen*. Also fuhr sie ohne Vorwarnung herum, packte ihn an seiner empfindlichsten Stelle und drückte zu. Dann zerrte sie den Kreischenden hinaus auf den Gang vor den Waschraum, sprang zurück ins Bad und sperrte hinter ihr zu.

Leopold stieß durchdringende Schmerzensschreie aus und zeterte, sie hätte ihm dort unten alles zerquetscht. Der Notarzt, den Schwester Franziska daraufhin holte, stellte aber lediglich einige rote Druckstellen fest. Gleich nachdem der Arzt gegangen war, baute sich Leopold vor dem Badezimmer auf und sagte immer wieder, er würde Anzeige erstatten und Toni jetzt verhaften lassen. Und als er dann noch fragte, ob sie denn glaube, sie wäre so schön, dass jemand Lust hätte sie zu ... da lief das Fass dann über.

Obwohl sie keine Therapie hatte, brachte Tom Toni ins Krankenhaus, um Abstand zu schaffen. Franziska meinte noch, sie werde Toni in ein Zimmer im Parterre verlegen, da sei sie in der Nähe des Frauen-Waschraums und auch nicht mehr im gleichen Stockwerk wie Leopold.

Toni gestand auf der Fahrt nach Wien, ihre Medikamente in den letzten Tagen nicht regelmäßig genommen zu haben, weil sie daraufhin immer so müde werde. Was sicher auch ein Grund für die massive Attacke gegen Leopold war.

Im Krankenhaus nahm sie dann ihre Pillen und Tom freute sich, die Dinge geklärt und der Polizei einen Einsatz erspart zu haben.

Montagabend, also nur zwei Tage später, kam es abermals zu einem furchtbaren Eklat. Gleich nach Dienstbeginn kam von Tonis Sachwalter die Verständigung, dass sie von der Polizei in Gewahrsam genommen worden war. Als sie der Transport am nächsten Morgen wieder einlieferte, wirkte sie zwar vollkommen gefasst und normal, kam aber trotzdem in eine gesicherte Verwahrzelle.

Toni war in einem unbeobachteten Augenblick in die Waschküche der Wohngemeinschaft gegangen, obwohl ihr das aufgrund ihrer Störung strengstens untersagt war, um ihre Wäsche zu waschen. Normalerweise erledigte diese Arbeit Schwester Franziska, die an diesem Tag jedoch wegen einer Erkältung krank war.

Der Raum befand sich in einem kleinen Anbau zur Straße, normalerweise stets versperrt, nur an den Waschtagen steckte der Schlüssel außen an der Tür. Was sich dort dann genau abgespielt hatte, ob Kleidungsstücke herumlagen, die Tonis Zorn entfachten oder ob es bloß der Anblick der Waschmaschine war, ließ sich nicht mehr zur Gänze herausbekommen. Fest stand nur, dass Toni die Waschmaschine auf einen Transportwagen gekippt, durch die Gartentüre hinausbefördert und dort auf die Straße geworfen hatte.

Der Busfahrer, der im selben Augenblick an dem Grundstück vorbeifuhr, konnte nicht mehr bremsen und so krachte der Bus in die Maschine. Zum Glück wurde niemand verletzt, trotzdem verursachte der Unfall einen mittleren Auflauf im Dorf und der Chauffeur des Busses verständigte die örtliche Polizei. Als diese die Fakten erhob, wurde die noch immer wütende Toni mitgenommen, ruhiggestellt und ihr Sachwalter verständigt. Natürlich würde auch noch eine Anzeige gegen die Verwaltung der Hausgemeinschaft wegen Verletzung der Aufsichtspflicht folgen.

Tom schaute nach seinem Dienst zu Toni – sie war ein Häuflein Elend, nahm seine Hand und weinte. So konnte er das nicht stehen lassen. Also ging er zurück auf die Station und ersuchte Oberschwester Hilde inständig etwas zu unternehmen.

Nach einiger Überredung verständigte sie Tonis Tochter, erzählte ihr von dem Vorfall und teilte ihr mit, dass Toni nun in einer Verwahrzelle untergebracht sei. Dabei versuchte sie die Tochter zu überzeugen, dass es das Beste wäre, Toni doch wieder nach Hause zu nehmen.

»Zu uns auf den Hof kann sie nicht mehr«, sagte die Tochter darauf sofort kategorisch. »Ich hab' das lange genug ertragen, aber jetzt ist Schluss. Außerdem würde das die Scheidung von meinem Mann bedeuten und so weit lasse ich es sicher nicht kommen. Wenn Sie also auch nicht mit ihr fertigwerden, dann muss sie ihr restliches Leben eben in Verwahrung verbringen.«

Damit legte sie auf.

»Was nun? Toni ist zwar nicht gerade ein einfacher Mensch, aber ich möchte auch nicht, dass sie in einen geschlossenen Trakt muss«, sagte Oberschwester Hilde mitfühlend und sah Tom an.

»Vielleicht finden wir jemand anderes, der vorderhand einmal die Verantwortung übernimmt«, meinte er und suchte die Nummer des Sachwalters.

Was folgte, war ein Telefonmarathon von einigen Stunden. Am Ende erbarmte sich die Omama, Tonis alte Mutter, die mit beinahe achtzig Jahren noch immer ihre ländliche Wirtschaft führte. Sie nahm ihre Tochter in Absprache mit dem Sachwalter zu sich.

Ein Glück für Toni, wie sich herausstellte, da die alte Omama keine Männerbesuche mehr empfing und außerdem ihre Wäsche noch mit der Hand wusch.

Wenn Engel singen

Es war Ende November. Die schwarzen, entlaubten Zweige des Kastanienbaumes im Hof starrten feucht und frostig in den Himmel. Das Thermometer zeigte sechs Grad unter Null und sogar die Krähen saßen regungslos auf den Ästen.

Jeder, der an diesem grauen Samstag nicht unbedingt vors Haus musste, blieb in seiner gut geheizten Wohnung. Schon um mehreren schweren Knochenbrüchen vorzubeugen, denn die Gehsteige schimmerten eisig blau.

Erst eine halbe Stunde nach Arbeitsbeginn kam Tom auf die Station, da der Bus Verspätung hatte und dann noch aufgrund steckengebliebener Sommerreifenfahrer nicht weiter konnte.

»Endlich«, empfing ihn Tante Rosa, »es ist ein Paket für mich gekommen und Sie müssen mir bitte damit zur Hand gehen!«

»Gerne«, antwortete Tom hilfsbereit und schlüpfte aus dem Mantel, »Was ist es denn?«

»Ein Klavier!« Ihre Augen leuchteten.

»Ein Klavier?« Er war erschrocken und sah schon drei stärkere Herren einen Flügel auf die Station schleppen. »Das geht doch nicht.«

»Keine Angst, es ist so ein modernes, elektronisches. Also eigentlich ist es ja nur eine Klaviatur mit Kabel.«

Das Paket war überraschend klein. Das Elektropiano bestand wirklich nur aus einem Panel mit den Tasten, einigen Einstellknöpfen und einem Gestell, auf dem es zu montieren war. Tom half ihr beim Auspacken. Mit den acht beiliegenden Schrauben waren die Beine schnell fixiert und die ganze Sache in zwanzig Minuten erledigt.

»Und von wo haben Sie das jetzt her?«

»Von meiner Tochter. Sie hat ja nie Zeit, mich zu besuchen und da habe ich einfach ihr schlechtes Gewissen ausgenützt und es mir zu Weihnachten gewünscht. Und leisten kann Sie sich das ohne Probleme.«

»Spielen Sie denn Klavier?«

»Natürlich! Ich hab' schon als Kind mit vier Jahren Klavier lernen müssen, wie das früher eben üblich war. Es hat mir aber so gut gefallen, dass ich auch noch als Teenager freiwillig Stunden genommen habe. Ich hab' sogar einmal ein Konzert gespielt.«

Das war Tom neu. »Spannend, davon haben Sie ja nie erzählt.«

»Ein paar Geheimnisse braucht doch jeder Mensch.« Sie zwinkerte ihm schelmisch zu. »Ich habe schon viele Jahre nicht gespielt, aber was man einmal kann und gerne getan hat, das verlernt man nicht. Hoffe ich zumindest.«

»Haben Sie den anderen auch Bescheid gesagt?«

Sie merkte seinen fragenden Blick. »Keine Angst, da sind Kopfhörer dabei, ich werde also niemanden stören mit meiner Klimperei. Wenn es klappt, dann spiele ich als Überraschung bei unserer Weihnachtsfeier. Ich hoffe, ich bin bis dahin wieder in Schwung.«

»Da bin ich mir ganz sicher.«

Zwei Wochen später, dritter Adventsonntag und zehn Tage vor Heiligabend hatten die Patienten die Station mit Tannenzweigen und bunten, glänzenden Kugeln geschmückt, auf allen Anrichten und Tischen lagen Stoffservietten und die Kaffeemaschine lief auf Hochtouren. Sogar Oberschwester Hilde erfüllte ihre Aufgabe, die ihr zugeteilt worden war, brachte Strohhalme und bastelte Strohsterne mit Alex.

Zur allgemeinen Verblüffung kam kurz vor Beginn der Festlichkeit noch Herr Probst mit einem Christbaum. Dass er kommen würde, wenn es mit Hilde was zu feiern gab, war keine Überraschung, aber der Baum, den er aus dem Lift auslud. Er war gut eineinhalb Meter groß, stand in einem Holzkreuz, war aber noch zusammengebunden.

Als Hilde vorbeieilte und ihn mit dem Baum sah, bekam sie leuchtende Augen. Sie stellten ihn auf einen Hocker, der mit Weihnachtspapier verkleidet wurde, nahmen einige bunte Kugeln von der Wand und hängten sie auf die Zweige. Schließlich fand man noch rote Papierschlangen vom letzten Fasching und legte sie wie Ketten rundherum. Es dauerte keine zehn Minuten und der Baum schaute tatsächlich weihnachtlich aus.

Zu guter Letzt trug Tom Tante Rosas Klavier aus ihrem Zimmer und stellte es daneben. Die Leute staunten, da sie nichts von Rosas Plan gewusst hatten. Die Überraschung war ihr also gelungen.

Rosa trug einen langen goldfarbenen Rock und ihre hellgrüne, durchsichtige Chiffonbluse mit dem zarten Spitzenkragen, die sie bei der Einkaufstour mit Tom erstanden hatte – heute jedoch mit etwas darunter. Dazu am Kopf eines ihrer unvermeidlichen Hütchen. Sie sah wirklich aus wie ein Mädchen aus besserem Haus.

Nach einer kurzen Weihnachtsansprache von Oberschwester Hilde gab es die einstudierten Darbietungen. Der erste Beitrag war das Gedicht »Wiegenlied« von Josef Weinheber, vorgetragen von Herrn Wessely. Er las ein wenig holprig, aber sehr inbrünstig.

Dann kam Paul mit einer Weihnachtsgeschichte. Er richtete sich sein Hemd und seine Krawatte und kam nach vorne. »Gestatten Sie, Paul«, begann er. »Paul heiße ich.«

Alle lachten, er auch. In dem Moment hielt er alle zum Narren und amüsierte sich darüber. Dann las er die Geschichte mit großen Gesten und genoss seinen Auftritt sichtlich.

»Machen Sie uns auch was?«, fragte Hilde leise in Richtung Rostock.

»Ich hätte nur eine Kriegsballade, doch das wäre unpassend für die Feier, also erspare ich sie Ihnen«, antwortete er.

Tom hatte jedoch den Eindruck, als wäre der große Militarist zu schüchtern, um sich vor die versammelte Menge zu stellen, was er damit gekonnt überspielte.

Endlich kam nach den gesprochenen Beiträgen der Liedteil. Tante Rosa war recht nervös, als sie zu ihrem Klavier ging und die ersten Akkorde anschlug.

Ihre anfängliche Unsicherheit wich sehr bald und schon ihre zweite Nummer, die *C-Dur Invention* von Bach, auch bekannt aus dem *Ave Maria,* war konzertreif. Tom war über die Darbietung derart überrascht, dass er sein Handy aus der Tasche zog und auf Aufnahme drückte.

Nachdem Rosa geendet hatte, setzte spontaner Applaus ein. Sie verneigte sich kurz und mit einem unsicheren, mädchenhaften Lächeln.

»Ja, so spielt man Bach«, sagte Rostock mitten in den Beifall und seine Stimme klang seltsam belegt.

»Da hat er Recht«, pflichtete sogar Herr Probst bei. Ganz in Weihnachtsstimmung deutete er auf Rostock. »Er versteht schließlich etwas davon.«

»Nun müssen wir aber zum Abschluss noch ein Weihnachtslied singen«, beschloss Oberschwester Hilde.

»Ich kann *Leise rieselt der Schnee* auswendig«, sagte Tante Rosa und alle nickten.

Sie begann ein langsames, sehr stimmungsvolles Vorspiel und dann, mit Beginn der Strophe, begann sie zu singen. Leise, mit der leicht gebrochenen Stimme eines alten Menschen, aber sehr stimmig zur Musik. Ihre Töne passten wunderbar zu dem Weihnachtslied und rissen sofort auch Frau Niederl mit, die mit der kräftig tiefen Altstimme einer ehemaligen Bierbrauerin einfiel. So nach und nach begannen alle mitzusummen.

Mit einem Mal stand der Riese Alex auf, trottete zum Klavier, stellte sich hin und nickte fröhlich, so als wolle er sagen: Das Lied kenn ich auch. Alle lächelten ihm ermunternd zu, hätten aber nie gedacht, dass er mit seiner Fistelstimme mehr als ein Piepsen herausbrächte.

Als er aber anhob und in die zweite Strophe miteinstimmte, kam aus seinem Mund ein hoher glänzender Knabensopran mit unglaublich zauberhaftem Wohlklang. Wie die reinen Obertöne eines Sängerknaben schwebte seine Stimme über den

Chor hinweg und sein:

In den Herzen wird's warm,
still schweigt Kummer und Harm …

füllte den Raum mit einer ganz eigenen Schwingung.

Tom konnte nicht mehr weitersingen, so rührte ihn dieser Moment. Auch über die Wange von Oberschwester Hilde rann eine Träne, während sie versuchte, das Lied zu Ende mitzusingen.

Langsam klang der letzte Ton aus. Tante Rosa stand wortlos auf, umarmte Alex mit beiden Händen und drückte ihn an sich.

Stille.

»Gell, brav war. Kriegen Cola jetzt?«, sagte Alex mit einem Mal laut und grinste.

Seine spontane Bemerkung brach abrupt den feierlichen Moment und alle lachten herzlich. Tom stoppte die Aufnahme auf seinem Handy und Hilde begann den Gugelhupf aufzuschneiden. Die Feier war rundum gelungen.

Was machte es da schon, dass Hubert, der Kleptomane, in dem Moment als alle dem Gesang lauschten, heimlich die Hälfte der Löffel und zwei Zuckerstreuer von den Tischen nahm? Die anderen haben so getan, als merkten sie es nicht und ihm diese Weihnachtstrophäe gelassen. Noch vor dem Neujahrstag hat er die Sachen wieder heimlich zurück an ihren Platz gelegt.

Noch immer erfüllt von dem Erlebnis, ging Tom danach in der abendlich wohligen Dunkelheit nach Hause. Und am Heiligen Abend klang unter seinem Christbaum, statt der üblichen Stille-Nacht-CD, das Weihnachtslied mit Alex aus dem Handy – diesmal sang für ihn wirklich ein Engel.

San Francisco

»San Francisco«, dröhnte Herr Schreck, »morgen fahr ich und wenn Sie mögen, nehme ich Sie gerne mit!«

»Nein, besten Dank, aber nehmen Sie doch Ihre Frau mit«, sagte Tom und deutete auf Frau Schreck, die daneben saß.

»Die bekommt doch nichts mehr mit. Außerdem macht man Überseereisen doch nie mit der eigenen Frau.« Er lachte über seine scherzhafte Andeutung, die allen Anwesenden erzählen sollte, welch ein Schwerenöter er einmal gewesen war. Sogar auf der Station ließ er keine Gelegenheit aus, den Schwestern unter den Rock zu sehen.

Frau Schreck litt zwar schon unter fortgeschrittener Demenz, hatte aber noch sehr viele klare Momente und zwickte ihren Mann dann regelmäßig in den Unterarm.

Das Ehepaar Schreck, Alois und Eva, war schon lange zu Gast auf der Station. Sie waren beide hoch in den Siebzigern und besaßen auch noch eine kleine Wohnung im Norden Wiens. Herr Schreck kam mit der Krankheit seiner Frau nicht zurecht und hatte ob dieser Tatsache selbst öfters depressive Schübe. So wechselten die beiden zwischen drinnen und draußen. Die Geriatrie war mit nur einundzwanzig stationären Patienten wenig belegt und bald hatte man die Schrecks fix aufgenommen. Sie konnten sogar gemeinsam ihr eigenes Zimmer bewohnen und betrachteten das Krankenhaus wie eine Seniorenresidenz mit medizinischer Betreuung.

In seiner aktiven Zeit war Herr Schreck bei der Eisenbahn als Zugbegleiter tätig gewesen. Vorwiegend fuhr er die Strecke Wien-Innsbruck und in seinen letzten Jahren, als die langen Dienste für ihn schon zu mühsam wurden, ließ er sich nur mehr für Kurzstrecken einteilen. Nachdem er noch einen der letzten echten Beamtenverträge hatte – womit er unkündbar war –, musste die Fahrdienstleitung auf diese Wünsche auch Rücksicht nehmen.

Eigentlich beneidete er immer seine *internationalen Kollegen*, wie er sie bezeichnete, die die weiten Strecken nach Italien oder Deutschland fuhren. Wie gerne hätte auch er auf diese Weise fremde Städte bereist und nach seiner Vorstellung in jeder eine Liebschaft gehabt. Sein wirkliches Ziel jedoch lag in Übersee – San Francisco. Das war die Stadt seiner Träume geworden, nachdem er Ende der Sechzigerjahre den Film »Bullitt« mit Steve McQueen im Kino gesehen hatte. Seitdem wollte auch er mit einem Mustang durch die steilen Straßen kurven und ein richtiger Teufelskerl sein, obwohl er nicht einmal einen Führerschein besaß. Er begann Straßenkarten der Stadt zu kaufen, er besorgte sich beinahe jeden Reiseführer, der am Markt neu erschien, und wäre sicher im Stande gewesen eine perfekte Stadtführung durch San Francisco hinzulegen, ohne jemals dort gewesen zu sein.

Zweimal in seinem Leben sparte er und plante die große Reise. Beim ersten Mal wurden die Pläne durchkreuzt, da seine Tochter heiratete und das Ersparte für die Hochzeit draufging. Beim zweiten Versuch, gleich nach seinem Pensionsantritt, stürzte seine Frau und brach sich ihr rechtes Bein. Der Bruch war so kompliziert, dass man glaubte, das Bein wäre nicht mehr zu retten und sie verbrachte viele Wochen in der Klinik. Nach einigen Operationen und einem längeren Reha-Aufenthalt war zwar das Bein gerettet, aber auch sein Reisebudget für die Zusatzkosten der Behandlungen draufgegangen.

So blieb der Traum unerfüllt. Das hinderte Herrn Schreck jedoch nicht, über seine Stadt weiterhin alle Unterlagen zu sammeln, derer er habhaft werden konnte.

Und in den letzten Monaten begann er immer wieder davon zu sprechen, erzählte Oberschwester

Hilde, was es denn mit der angekündigten Amerikafahrt auf sich hätte, die er gleich Anfang des neuen Jahres antreten werde.

»Na ja«, meinte Tom, »wenn er sich dann besser fühlt, soll er halt davon erzählen. Nachdem ja angeblich morgen der große Tag ist, haben wir das bald überstanden.«

Am zweiten Jänner hatte Tom frei, als er aber tags darauf zum Frühdienst kam, bemerkte er, dass etwas anders war. Die gute Laune des Neujahrstages war verschwunden und überall begegneten ihm betretene Gesichter.

»Was ist denn los?«, fragte er eine Kollegin, die ins Dienstzimmer kam, als er sich gerade umzog.

»Der Herr Schreck ist seit gestern verschwunden.«

»Das gibt's doch nicht!«

»Ja, beim Frühstück und beim Morgengespräch war er noch da und auch bei bester Laune und beim Mittagstisch hat er dann gefehlt.«

»Und was habt ihr gemacht?«

»Ich hab' ihn gesucht und dann festgestellt, dass sein kleiner roter Koffer, mit dem er immer seine Sachen aus der Wohnung holt, fehlt.« Sie setzte sich und zündete sich eine Zigarette an, etwas, was sie sonst nur außerhalb des Dienstes machte.

»Was war dann?«

»Ich hab' natürlich alle verständigt und auch am Flughafen angerufen, weil er ja gesagt hat, er fliegt nach San Francisco und ich dachte, sicher ist sicher ...«

»Und?«

»Nichts, es gab gestern Vormittag überhaupt keinen passenden Flug. Ich hab' ihn am Flughafen sogar ausrufen lassen.«

»Hast du es auf seinem Mobiltelefon versucht?«

»Aber hundertmal, allein da läutet es nicht einmal, da meldet sich nur die Mailbox.«

»Hat seine Frau denn nichts gewusst?«

»Ich glaube, die hat gar nichts mitbekommen, sie ist total verwirrt, seit er weg ist.«

Eine Woche später, alle suchten bereits fieberhaft nach dem Abgängigen, kam Frau Schreck auf Tom zu und streckte die Hand aus, in der sie ihr Handy hielt.

»Da will Sie jemand sprechen«, sagte sie dazu, sah Tom seltsam an.

»Hallo?«, sagte Tom, nachdem er das Telefon genommen hatte.

»Endlich, das hat ja gedauert«, dröhnte die Stimme von Herrn Schreck aus dem Apparat. »Können Sie mich abholen kommen?«

»Was bitte?!«

»Abholen, verstehen Sie mich?«

»Ja, ja!«, beeilte sich Tom zu sagen. »Wo sind Sie denn?«

»Wo sind Sie denn ...«, äffte Schreck ihn nach. »Am Flughafen natürlich, wo ist man denn sonst, wenn man aus San Francisco ankommt.«

Tom war perplex und brachte vorerst einmal keinen Ton heraus.

»Du schaust aus, als wäre dir der Schreck in alle Glieder gefahren«, sagte seine Kollegin, die danebenstand, mit einem Augenzwinkern und grinste.

»Du glaubst gar nicht, wie Recht du hast«, stotterte er kopfschüttelnd. »Der ist am Flughafen, wir sollen ihn abholen.«

Tom befahl Herrn Schreck zu warten und bestellte einen Fahrtendienst. Eine gute Stunde später war der Patient wieder im Krankenhaus. Er beantwortete keine Fragen, meinte nur, er wäre *jetlagged* und müsse sich ausruhen.

»Verzeihen Sie, ich wollte mich nur erkundigen, ob der Alois wieder gut zurückgekommen ist?«

Tom drehte sich nach der Stimme um. Hinter ihm stand ein älterer, sympathischer Herr im dunklen Wintermantel, der sich über seinen grauen Schnurrbart strich. Es war inzwischen halb sieben Uhr abends und kurz vor Dienstübergabe.

»Aber nicht, dass er mich sieht«, setzte er hinzu und blickte vorsichtig den Gang hinunter, »denn er hat mir strengstens verboten nachzufragen.«

Tom schob ihn ins Dienstzimmer hinein und deutete auf einen der Stühle.

»Nein danke, ich gehe gleich wieder, wollte eigentlich nur sicher sein, dass alles in Ordnung ist ...«

»Ja, war er denn bei Ihnen?«

»Natürlich, ich habe ihn am Tag nach Neujahr auch abgeholt.«

»Von wo denn?«

»Er hat auf mich vor dem Krankenhaus gewartet.«

»Und wozu bitte? Ich meine, wo waren Sie beide denn?«

»Bei mir, hat er Ihnen das nicht gesagt?«, entgegnete der Herr nun verwundert. »Wir sind alte Kollegen von der Bahn. Ich lebe, seit meine Frau gestorben ist, allein in einem Schrebergarten am Badeteich und habe mit dem Alois ausgemacht, dass er mich besuchen kommt und ihm angeboten, doch ein paar Tage bei mir zu bleiben. Am Teich ist es auch im Winter sehr schön zum Spazierengehen.«

»Und wo ist das?«

»Einige Kilometer außerhalb, in der Nähe von Schwechat, gar nicht weit vom Wiener Flughafen. Ich hätte ihn zu Mittag gerne mit dem Auto zurückgebracht, aber er wollte unbedingt selber mit dem Flughafenbus fahren, so habe ich ihn nur dort abgesetzt.«

»Aha.« Jetzt wurde einiges klar.

»Es hat mir aber doch keine Ruhe gelassen und da ich heute zum Essen bei meinem Sohn bin und nach Wien hereinfahren musste, wollte ich trotz seines Verbots einfach mal nachfragen.«

»Danke schön«, sagte Tom höflich. »Herr Schreck ist wieder gut bei uns eingetroffen.«

»Na, dann bin ich beruhigt.«

Herr Schreck erzählte am nächsten Tag in großer Runde von seinem Flug nach Amerika. Er schilderte in glühenden Farben, was er bei seinem Städtetrip erlebt hatte und gab detaillierte Beschreibungen über San Francisco ab.

Tom saß in einer Ecke und lauschte Schrecks tollen Schilderungen. Zuerst tat ihm Schreck leid, dass er das nicht wirklich hatte erleben dürfen. Als Tom aber sah, wie aufgeräumt dieser erzählte und wie seine Augen strahlten, freute er sich schließlich mit ihm. Schreck hatte endlich seine Reise gemacht und durfte davon berichten. Dadurch füllten sich seine Fantasie und sein Herz auf wundersame Weise mit Erinnerungen.

Was spielte es da noch eine Rolle, ob er tatsächlich dort war?

Schach

Der Krankentransport brachte eine elegante, ältere Dame in einem grauen Kleid. Sie wirkte ein wenig unsicher, sonst aber gar nicht wie eine Patientin. Auch die notwendigen Formalitäten erledigte sie ohne Probleme und kannte sich offenbar sogar mit ihren Befunden aus. Dennoch kam sie draußen alleine nicht mehr zurecht und hatte um ihre Aufnahme als Tagespatient gebeten.

»Ich höre gerne Musik und stricke zum Zeitvertreib, am liebsten aber spiele ich Schach«, meinte sie zu Tom, der ihr bei den Formularen behilflich war und ein Gespräch mit ihr begonnen hatte.

»Alle Achtung«, entfuhr es ihm, »das zeugt von einem scharfen Verstand.«

»Ich bin vielleicht manchmal verwirrt, oder wie meine Kinder meinen ‚verrückt'«, sagte sie darauf mit einem feinen Lächeln auf den Lippen und deutete an ihre Stirn, »aber sonst geht's da oben noch recht gut.«

»Verzeihen Sie«, entschuldigte er sich für die unbedachte Äußerung. »Ich wollte nicht unhöflich sein.«

»Schon gut, so etwas sagen die Leute meistens, wenn sich ein älterer Mensch mit geistigen Dingen beschäftigt. Aber mir fehlt schon seit längerem ein geeigneter Partner, weil ich da sehr wählerisch bin.«

»Vielleicht finden Sie ja einen bei uns«, versuchte Tom sie zu ermuntern.

»Na ja«, winkte sie ab, ohne weiter darauf einzugehen. »Es wäre nur angenehm, wenn Sie mir die Physiotherapie ersparen könnten, denn übermäßige Bewegung liegt mir nicht.«

Die Wochen vergingen und Tom gefielen die regelmäßigen Gespräche mit der neuen Patientin, die Reumann hieß und die er bei ihrem Vornamen Gisela ansprechen durfte.

Sie kam regelmäßig jeden Tag am Morgen mit dem Fahrtendienst, erledigte pünktlich ihre Therapiesitzungen und hatte den Arzt überzeugen können, sie von der Bewegungstherapie zu befreien. Sie musste das sehr geschickt gemacht haben, denn normalerweise bestand man auf ausreichend Bewegung.

Bisher hatten sich noch keinerlei Anzeichen einer Verwirrtheit oder einer Störung gezeigt. Vielleicht war sie ihren Angehörigen einfach nur lästig gewesen.

Eines Tags, die meisten waren in den Gruppensitzungen, winkte sie Tom zu sich.

»Ja, Gisela?«

»Setzen Sie sich bitte einen Augenblick zu mir, ich muss etwas mit Ihnen besprechen.« Sie deutete auf den Stuhl gegenüber von ihr. »Sie wissen doch, dass meine Kinder, also mein Sohn und seine Frau, meine Bevormundung beantragt haben.«

»Die Sachwalterschaft, ja, aber es gibt noch keinen Bescheid.«

»Deswegen möchte ich Sie gerne um Hilfe bitten.« Sie beugte sich vor und senkte ihre Stimme etwas. »Ich möchte nicht in unser Familiengrab, wo meine Schwester liegt, mit der ich mich schon zu Lebzeiten nicht gut verstanden habe, sondern gerne in einem eigenen Grab liegen.«

»Gut, aber wie könnte ich Ihnen dabei helfen?«

»Ich habe ein wunderschönes Grab entdeckt, das ich gerne kaufen würde, solange ich noch über mein Geld verfügen kann, denn wenn mein Sohn einmal mein Vormund ist, erlaubt er mir das nie!«

»Und was soll ich dabei tun?«

»Würden Sie mit mir morgen zur Bank fahren, das Geld holen, und dann zur Friedhofsverwaltung, die Papiere erledigen? Alleine komme ich da sicher nicht zurecht.«

Tom versuchte trotzdem Giselas Sohn zu erreichen, aber es lief nur der Anrufbeantworter, der sagte, dass die Familie diese Woche auf Urlaub im

Ausland wäre. Also fragte er zur Sicherheit die Stationsschwester.

»Eigentlich spricht nichts dagegen«, sagte Hilde achselzuckend. »Sie ist derzeit eine eigenberechtigte Tagespatientin und auch freiwillig hier. Also demnach kann sie tun, was sie möchte. Letztlich ist es deine Entscheidung, ob du ihr dabei hilfst.«

Sie fuhren also am nächsten Tag zur Bank, danach zum Friedhof und Frau Reumann kaufte glücklich ihr Grab. Tom fand Gräber generell nicht beeindruckend und auch die Lage nicht so toll. Aber wenn es Gisela gefiel, sollte es ihm recht sein.

Einige Tage später, er hatte die Sache schon fast vergessen, stürzte Herr Reumann junior, Giselas Sohn, am Gang der Station auf ihn zu.

»Was haben Sie sich eigentlich dabei gedacht?«, rief er aufgebracht und schwang drohend seinen Schirm. »Mit meiner Mutter ein Grab kaufen zu gehen!«

»Bitte beruhigen Sie sich«, meinte Tom beschwichtigend und schob ihn in das Dienstzimmer.

Nach einigen zornigen Sätzen ließ sich Reumann auf einen Besuchersessel vor dem Schreibtisch fallen und wurde beinahe weinerlich.

»Ich habe geglaubt, wenn sie bei Ihnen in Behandlung ist, hört dieser Wahnsinn auf, aber auch das macht anscheinend keinen Sinn!«

»Jetzt beruhigen Sie sich bitte, was ist denn schon geschehen? Ihre Mutter hat doch nur ein Grab gekauft.«

»*Ein* Grab? *Ein* Grab?«, stieß er mit einem Auflachen hervor und riss seine Aktentasche auf, die er bisher unter seinem Arm geklemmt hatte. Beinahe machte es auf Tom den Eindruck, er wäre der Patient, so überdreht kam ihm Reumann vor. »Da – und da – und da …«

Bei den letzten Worten hatte er einige Papiere auf den Schreibtisch geworfen, am Schluss drehte er die Aktentasche um, worauf sich eine Flut von Dokumenten über den Tisch ergoss.

»Neun sind es«, rief er dazu.

»Was?!«

»Ja, neun Gräber auf vier verschiedenen Friedhöfen besitzt sie jetzt!«

Tom war sprachlos.

»Was glauben Sie denn, warum ich meine Mutter überredet habe, zu Ihnen in Behandlung zu kommen? Und jetzt mache ich den Bock zum Gärtner, denn Sie helfen ihr noch bei dem Unsinn.«

»Wir wussten doch nicht …«

»Ich habe doch gesagt, sie ist verwirrt.«

»Aber nicht in welcher Art, wir hatten ja keine Ahnung davon und sie hat auch nicht verwirrt gewirkt.«

»Das tut sie nie …« Er sackte förmlich zusammen und ließ die Hände kraftlos sinken.

»Erzählen Sie«, ersuchte ihn Tom.

»Meine Mutter besucht Friedhöfe und wenn sie sieht, dass ein Grab nicht mehr gepflegt wird, dann kauft sie es und lässt es herrichten. Fast ihr ganzes Geld ist dafür bereits draufgegangen.«

»Für sich?«

»Doch nicht für sich, nein, für die, die drinnen liegen, obwohl sie die Leute gar nicht kennt.«

Es tat ihm gut, sich seinen Kummer von der Seele zu reden und er erzählte, dass er schon mehrfach versucht hatte, Gisela von diesem Kaufzwang abzubringen, damit aber erfolglos war. Darum wusste er nun eben keinen anderen Weg mehr, als die Vormundschaft zu beantragen, damit er ihr den Zugriff auf das Bankkonto sperren lassen konnte.

Als er gegangen war, suchte Tom nach Gisela und fand sie im Fernsehzimmer mit einer Strickarbeit.

»Ich habe schon gesehen, dass mein Herr Sohn da war«, sagte sie, ohne aufzublicken. »Er hat sich sicherlich über mich beschwert. Nun ja, nun wissen Sie es eben und dürfen mich auch für verrückt halten.«

»Das tu' ich nicht, aber Sie hätten mir anvertrauen müssen, dass Sie schon einige Gräber besitzen.«

Sie wendete sich wieder ihrer Strickerei zu.

»Es wäre zumindest fair gewesen«, setzte Tom nach, »Immerhin dachte ich nach unseren Gesprächen ...«

»Dann wären Sie doch niemals mit mir auf den Friedhof gefahren?«, konterte Gisela. »Und um das eine Grab wollte ich mich unbedingt noch kümmern, solange ich noch die Möglichkeit dazu habe, weil es ja sonst keiner mehr für Anna tut.«

»Für welche Anna?«

»Ach nichts! Ich möchte nicht mehr darüber sprechen.« Sie drehte sich weg und Tom bemerkte, wie unangenehm es ihr war, dass ihr der Name herausgerutscht war.

Er ging zurück ins Dienstzimmer. Dort lag noch der Haufen an Papieren auf dem Schreibtisch, die Giselas Sohn in seiner Aufregung hingeworfen hatte.

Interessiert setzte sich Tom und begann die Dokumente zu ordnen. Es waren die Verträge mit allen Rechnungen für neun Gräber, die anheimgefallen waren, weil sich niemand mehr darum kümmerte. Gisela hatte sie nach der Freigabe gekauft und dafür tatsächlich ein kleines Vermögen ausgegeben. Nachdem Gisela den Namen erwähnt hatte, fiel Tom auf, dass in jedem der Gräber eine Anna begraben lag. Und noch etwas – alle diese Annas waren 1941 verstorben.

An irgendetwas erinnerte ihn das und er holte sich die Unterlagen von Frau Reumann aus dem Schrank. Im Krankenakt fand er die Angabe, dass ihre Mutter bei der Geburt ihrer zweiten Tochter verstorben war. Der Vater war eingerückt und in den Kriegswirren waren Gisela und ihre neugeborene Schwester zu Verwandten nach Deutschland gekommen, die sich bereiterklärten, die beiden Mädchen aufzunehmen. Als der Vater nach dem Krieg von der Front zurückkam, holte er seine Kinder zwar nach Hause, es wusste aber niemand mehr, wer die Mutter begraben hatte oder in welchem Grab sie lag.

Es war 1941 und die Mutter hieß Anna.

Tom kämpfte zwei Tage mit sich, ob er Giselas Sohn von seiner Entdeckung erzählen sollte, behielt die Sache aber dann für sich. Allerdings konnte er nicht umhin, so ehrlich zu sein, es zumindest Gisela zu sagen, dass er ihre Beweggründe entdeckt hatte.

Sie schaute ihn lange an.

»Hätten Sie Lust auf eine Partie Schach?«, fragte sie nach einer Weile.

Sie spielten und danach saßen sie noch zusammen. Gisela begann von ihrer Jugend zu erzählen, von ihrem Zuhause und ihrem unerfüllten Wunsch, ihrer Mutter noch einmal begegnen zu dürfen.

Dabei hielt sie seine Hand und schaute ihn an. Es tat ihr gut mit einem Menschen darüber zu sprechen, und Tom tat es gut, ihr zuzuhören.

Renovierung

Auf der Station stand eine größere Renovierung an – Anstriche ausbessern, Böden schleifen und in einigen Räumen die Fenster erneuern. Auch eine moderne Teeküche war angesagt, denn auf den Schränken prangten noch die gelbgrün gesprenkelten Resopal-Platten aus den Sechzigerjahren.

»Nein!« Rostocks Stimme hallte durch die Station. »So geht das nicht mit dem Personal.«

Er kam erbost aus seinem Zimmer und deutete mit dem Zeigefinger in die Türe hinein. Wie immer, wenn er aus seinem Reich kam, war er sogar im Trubel der Arbeiten wie aus dem Ei gepellt, in einer dunklen Hose und mit Militärkrawatte. Nur seine Haare waren an den Schläfen zornig zerzaust. Es musste ihn etwas sehr aufgeregt haben.

Tom ging zu ihm hinüber und folgte ihm in sein Zimmer. Die Maler hatten die Wände bereits fertig gestrichen und waren beim Zusammenpacken. Die Möbel standen in der Mitte zusammengerückt und rundherum fuhr einer der Arbeiter mit einem Hochdruckreiniger hin und her, um den Holzboden zu säubern. In dem Durcheinander dürfte er dabei an dem Bein eines halbhohen Schrankes hängen geblieben sein und hatte es seitlich aus der Führung gerissen. Das ganze Möbel stand schief und drohte umzukippen.

Mit beiden Händen drückte Tom es gerade und klopfte mit seiner Schuhspitze den Möbelfuß wieder in die richtige Lage.

»So, bitte«, sagte er. »Ist ja nichts passiert.«

»Nichts passiert?!« Rostock klang entsetzt. »Das meinen Sie? Da, schauen Sie sich die Sauerei an ...«

Der Schrank hatte eine größere Klappe, hinter der sich normalerweise eine Hausbar verbergen sollte – nicht so im Schrank von Rostock. Statt der Flaschen mit Spirituosen stand dort eine Schar Zinnsoldaten, normalerweise in Formation aufgestellt, nun jedoch durcheinander und übereinander liegend.

»Toll«, meinte Tom anerkennend. »Ich wusste gar nicht, dass Sie solche Männchen sammeln.«

»Das sind keine Männchen, das ist eine strategische Variante des Novemberaufstands! Sehen Sie das denn nicht?« Rostock hob entsetzt die Hände gegen die Decke. »Und jetzt ist der gesamte Widerstand an den Flanken zusammengestürzt und Friedrich Franz von Mecklenburg ist gefallen!« Wütend schlug er die Klappe zu.

»Kommen Sie«, sagte Tom, bemüht die Situation irgendwie zu beruhigen, »trinken wir einen

Kaffee in der Küche, wie ich sehe, sind die Herrn mit Ihrem Zimmer ja bald fertig.«

»Aber vorher sollen sie noch diese grässliche Musik abstellen!«, ereiferte er sich.

Die Arbeiter hatten einen tragbaren Ghettoblaster am Fensterbrett stehen, aus dem irgendeine Technonummer plärrte.

»Drehen Sie das bitte ab«, ersuchte Tom den Arbeiter auf der Leiter und deutete auf das Radio. »Herr Weber hört hier herinnen nur klassische Musik.«

Der Monteur verdrehte die Augen, stieg aber von der Leiter und schaltete das Radio aus. Nun nickte Rostock, anscheinend wieder etwas besänftigt und folgte Tom zur Küche.

»Ich kann Ihnen dann gerne zur Hand gehen, um die Figuren wieder aufzustellen«, bot ihm dieser im Gehen seine Hilfe an.

»Unterstehen Sie sich, das verlangt nach einer kundigen Fachkraft.« Er sah Tom von der Seite an. »Haben Sie überhaupt gedient?«

Die Adaption ging gut voran, die neue Teeküche wurde geliefert und die meisten Zimmer der Patienten waren fertig. Alles war im Plan, außer den Arbeitern. Die waren wie Elefanten im Porzellanladen. Nicht, dass sie unfreundliche Leuten gewesen wären oder die Kranken bewusst provoziert hätten, nur die ganz gewöhnliche Gedankenlosigkeit war oft zu viel für die fragilen Befindlichkeiten der Patienten.

So eine Gedankenlosigkeit gipfelte dann auch in einem Vorfall, der typisch für die ganze Woche der Renovierung war. Um ihn zu verstehen, muss man Leopold kennen.

Er war einer der älteren Patienten, der ganz hinten als Letzter im Gang wohnte. Er bekam sein Essen meistens ins Zimmer, das er nur selten verließ, wenn nicht gerade seine Therapie anstand. Er war einfach nur da und außer gelegentlicher akustischer Ausrutscher, fiel er im Alltag nie besonders auf.

Laut Unterlagen litt er hauptsächlich unter Koprolalie, so bezeichnet die Fachwelt Menschen mit krankhafter Neigung, plötzlich vulgäre und obszöne Ausdrücke hinauszuschleudern. Verstärkt wurde diese Störung dadurch, dass er absolut keine Menschen mochte und sich ständig von allen angegriffen fühlte. Manche Besucher reagierten verunsichert auf seine unerwarteten Ausbrüche, hatte man sich aber daran gewöhnt, fielen sie einem nicht mehr sonderlich auf. Unabhängig davon erzählte Leopold fast nie von sich und nachdem er auch nur selten Besuch bekam, wusste man sehr wenig über ihn.

So ahnte niemand, dass Leopold einmal einen Hund gehabt hatte, den er über alles liebte und der kurz vor seiner Ankunft im Spital eingeschläfert werden musste. Bestimmt hatte die Trauer einen zusätzlichen Zorn ausgelöst und die Krankheit verstärkt. Neben den therapeutischen Maßnahmen erhielt Leopold ziemlich starke Medikamente, die ihn beruhigen und sein Leben erträglicher machen sollten.

Gerade als Tom die Jause austeilen wollte, drang lautes Schreien aus Leopolds Zimmer. Wie eine Gewehrsalve und mit beinahe kreischender Stimme hallten die unflätigsten Ausdrücke durch den Flur. So hatte Tom ihn noch nie gehört. Als er den Gang hinunterlief, um zu sehen was los sei, liefen ihm die beiden Arbeiter in die Arme, die gerade bei Leopold ausgemalt hatten. Der kam mit geballten Fäusten hinterher und Tom hatte Mühe, ihn davon abzuhalten, sich wie rasend auf die Arbeiter zu stürzen.

Als die Handwerker Feierabend machten und es auf der Station ruhig wurde, hatte sich auch Leopold wieder beruhigt. Tom ging zu dessen Türe, sie stand angelehnt, und schaute vorsichtig durch den Spalt. Leopold saß auf seinem Bett, hielt seine dunkelgrüne, abgeschabte Decke auf den Knien und redete mit Melanie.

»Geht es ihm wieder besser?«, fragte Tom, nachdem sie wieder im Dienstzimmer war.

»Ja, aber ich kann gut verstehen, dass er sich so aufgeregt hat.«

Leopold hatte ihr die Geschichte von seinem Hund anvertraut, von der bislang niemand etwas ahnte. Und die grüne Decke, die er ständig bei sich trug, war die Hundedecke gewesen. Während er auf der Toilette war, begannen die Arbeiter in seinem Zimmer auszumalen. Wie er zurückkam, waren nicht nur fremde Leute in seinem Zimmer, ohne ihn vorher zu fragen, sondern sie hatten auch die geliebte Decke als Unterlage für die Farbkübel benützt und bekleckert.

»Also verstehe ich gut, dass er ausgerastet ist«, schloss Melanie. »Manche Arbeiter sind so was von gedankenlos.«

Ein Gutes hatte der Vorfall aber – die Handwerker arbeiteten die restliche Zeit wie am Schnürchen, fragten beinahe höflich, wenn sie wo hineinwollten und lärmten auch deutlich weniger. Kurzum, der Schock saß anscheinend so tief, dass sie alles taten, um nicht mehr unangenehm aufzufallen.

Bereits am nächsten Tag kamen vier Mann mit den neuen Fenstern, die auch sofort eingebaut wurden. Als Tom an den Arbeitern im oberen Trakt vorbeiging, hörte er, wie einer zu seinem Kollegen leise sagte: »Bitte pass auf, sonst schicken S' uns wieder den Narrischen von unten!«

Tom musste schmunzeln, wie doch ein »Sie können mich mal ...« im richtigen Augenblick die Dinge schlagartig ändern konnte. Insgeheim gehörte der Schimpfzwang hinfort zu seinen Lieblingsstörungen.

Die Wahrsagerin

Frau Koppmann kam mit dem Frühling und zwar genau am 21. März. Sie hatte einen Suizidversuch hinter sich, einen Grund dafür hat sie nie verraten. Nicht einmal die Ärzte, die sie durch die Therapien begleiteten, bekamen Genaueres heraus. Eine Nachbarin fand sie, vollgepumpt mit Schlaftabletten und da sie nur einen Sohn hatte, der sich nicht um sie kümmerte, kam sie vorerst dauerhaft auf die Station.

Sie hieß Waltraud, war ruhig, unauffällig und sehr höflich. Leider war sie auch sehr schwer von Begriff. Manche Dinge musste man ihr wirklich täglich sagen, sie wiederholte das Gesagte dann immer laut und nickte dazu, vergaß es aber sofort wieder.

Erst nach Wochen hatte sie sich halbwegs eingelebt. Immer wieder fragte sie, ob Post für sie da sei oder ob jemand nach ihr gefragt hätte, aber nichts dergleichen, und Besuche für sie kamen ebenfalls nie.

Es war ein warmer Maitag, das Mittagessen war gerade vorbei, die Tür zum Gang stand offen, damit die Luft ein wenig zirkulieren konnte, und es war still auf der Station. Nur aus dem Zimmer von

Rostock drang gedämpft die Aufnahme eines Klavierstückes, das ganz gut zu der frühsommerlichen Temperatur passte.

Tom hörte die große Eingangstüre aufgehen und zufallen und dachte, jemand sei von einer Besorgung gekommen. Gleich darauf pochte jemand an seine offene Türe.

»Hallo?«

Tom hob den Kopf. Vor ihm stand eine seltsam dünne, männliche Gestalt mit verspiegelter Sonnenbrille, ausgewaschenen Jeans mit hellen Rissen und einem kurzen T-Shirt, das den Nabel freiließ. Das Bemerkenswerteste jedoch war der Kopf, denn unter einer braungebrannten Glatze, die mit einigen Tattoos verziert war, begann ein scharf angeschnittener, schütterer Vollbart in rotblond.

»Ja, bitte?«

Die Gestalt zog die Spiegelbrille tiefer und sah mit fischigen Augen über den Rand.

»Warum sperr'n Sie's denn weg?«, kam in breitem Dialekt mit dem sichtlichen Bemühen nach einer korrekten Aussprache.

»Wie bitte?« War es die Erscheinung oder die Temperatur, jedenfalls war Tom ziemlich verwirrt. Der Mann sah aus, als wäre er ein Mitarbeiter vom Reinigungsdienst und suche die Putzmittel. »Was sperren wir weg?«

»Na, d'Mutter!«, sagte der Mann nun einen Ton forscher und deutete mit dem Kopf hinaus auf den Gang.

»Wir sperren hier niemanden weg«, sagte Tom nun auch ein wenig deutlicher. »Und Mütter schon gar nicht.«

Er faltete die Zeitung zusammen, stand auf und ging auf den Mann zu. Je näher er ihm kam, desto größer wurde dieser. Wahnsinn, dachte Tom, spindeldürr aber sicher zwei Meter groß. Tom reichte ihm gerade bis unters Kinn.

»Sie glauben echt, das können S' mit mir machen, weil ich grad entlass'n wurd'?« Der Fremde nahm die Brille ab und funkelte Tom an, der sicherheitshalber einen Schritt zurückwich. »Nur weil ich aus'm Häfen … also von drinnen komm', bin ich noch lang nicht blöd! Weiß genau, wie's da bei euch lauft – drüberfahr'n und fertig!«

»Ich bitte Sie«, verteidigte sich Tom und brachte den schützenden Tisch wieder zwischen ihn und sich. »Um wen handelt es sich denn überhaupt?«

»Na, um d'Mutter.«

»Ja, aber wie heißt sie denn?«

»Koppmann Traudl. Ich will zu ihr.«

Das war also Waltrauds Sohn und nun war auch klar, warum er sie noch nie besucht hatte.

»Dafür müssen Sie mit dem behandelnden Arzt sprechen.«

Tom bot ihm einen Stuhl an und verständigte den diensthabenden Mediziner. In den wenigen Minuten, bis dieser kam, öffneten sich bei seinem Besucher die Schleusen des Erzählens. Gustl heiße er, wegen Hehlerei sei er gesessen und nun auf Bewährung freigekommen. Er logierte bei seiner Freundin in einer Gemeindewohnung und würde seine Mutter jetzt zu sich holen.

Na großartig, dachte Tom, direkt in die Hände des verlorenen Sohns – die Arme.

Trotzdem erhielt er die Erlaubnis, seine Mutter kurz zu sehen, doch bereits nach einigen Momenten, kam es drinnen zu einem Wortgefecht.

»Des is net g'sogt, dass i des aufgib, Mutter, weil bei mia host das sicher besser«, rief Gustl gerade durch den Raum, nun nicht mehr um eine bessere Ausdrucksweise bemüht.

»Lass mich bitte, lass mich einfach in Ruh'«, sagte sie verzweifelt und begann zu weinen.

»Gehen Sie bitte, Sie regen die Patientin auf, sonst muss ich den Sicherheitsdienst verständigen«, sagte der Arzt laut dazwischen.

»Nix, I hol sie do ausse!«

Im Gang war noch ein Kollege aufgetaucht und zum Glück trottete auch Alex heran, der ebenso groß war wie Waltrauds Sohn, aber mindestens dreimal so breit. Vor diesem Auflauf wich Gustl schließlich zurück und entfernte sich. Er würde sich schon zu wehren wissen, wenn seine arme Mutter hier gefangen gehalten würde, sagte er noch wütend und schmiss die Stationstüre zu, dass die Scheiben zitterten.

»Sie werden mich doch nicht hergeben?« Waltraud drückte mutlos Toms Hand. »Ich will nicht zu ihm, er macht mir nur Sorgen.«

»Keine Angst«, beruhigte sie dieser, »Sie bleiben bei uns, da werden wir uns schon wehren.«

»Ich bin ihm ja vollkommen egal«, Waltraud schnäuzte sich und wischte ihre Tränen fort, »er will doch nur meine Rente einziehen für seine krummen Geschäfte. Und er hat immer Geldprobleme, immer!«

Frau Sachs war da aus anderem Holz geschnitzt und das genaue Gegenteil von Waltraud. Sie war Manikerin – manchmal fröhlich, manchmal aufbrausend, eigentlich stets gut aufgelegt und immer laut. Britta, eigentlich hieß sie Brigitte, war überdies Rollstuhlfahrerin, bestand aber trotzdem darauf, alles selbst zu machen. Manchmal, wenn sie zu forsch wurde, drohte man ihr damit, die Batterie aus dem Rollstuhl zu nehmen, was sie dann mit ihrem dröhnenden Lachen quittierte.

Umso erstaunlicher war es, dass die beiden unterschiedlichen Damen eine Gesprächsbasis fanden, ja, sich sogar richtig anfreundeten. Waltraud und Britta schienen eine Zeit lang wirklich unzertrennlich zu sein. Sie kamen gemeinsam zum Essen, lösten endlos Kreuzworträtsel und machten lange Spaziergänge im Garten, die meistens mit leeren Batterien in Brittas Rollstuhl endeten.

Es machte den Eindruck, als würde Waltraud einen richtigen Lebensschub durch Britta bekommen. Gelegentlich lachte sie sogar, auf eine bezaubernd mädchenhafte Art.

Eines Tages ging diese Freundschaft jedoch abrupt zu Ende. Schuld daran war eine Meinungsverschiedenheit über Valerie, der Wahrsagerin aus der Ergotherapie.

Valerie litt unter Schizophrenie und war Patientin auf einer Station für schwerere Fälle mit dieser Ausrichtung. Wenn es ihr besser ging und ihr Zustand stabil war, durfte sie an der Ergotherapie teilnehmen.

Sie war eine ältere Dame mit langen schwarzen Haaren, die von einer goldenen Spange zusammengehalten wurden. Vor ihrer Krankheit hatte sie beim Zirkus gearbeitet. Nicht in der Manege, sondern sie war Mädchen für alles gewesen. Da sie gerne Karten legte, bekam sie zwischen den Zirkuswägen ein kleines Extrazelt, wo sie vor den Vorstellungen und in der Pause als Wahrsagerin verkauft wurde. Ihren

Erzählungen zufolge wurde sie binnen kurzer Zeit *grandios populär* und aus ihrer Sicht gesehen überlebte der Zirkus überhaupt nur durch den immensen Zulauf, den sie auslöste. Der vorhergehenden Beschäftigung zufolge war sie auch stets zu stark geschminkt und trug einen breiten Armreifen. Schmuck war im Krankenhaus zwar weder üblich noch gerne gesehen, man ließ ihr aber diese Freiheit als ein wichtiges Stück ihrer Identität.

Und, wann immer sie in der Ergotherapie war, setzte sie sich nach ihren Übungen in eine Ecke, breitete Tarot-Karten aus und begann vor sich hinzumurmeln. Oft kamen dann andere Patienten und fragten sie etwas, worauf sich das Gemurmel verstärkte und seltsame Botschaften über Valeries Lippen kamen. Eines ihrer Opfer war Waltraud, die gerne mehr über ihren Sohn erfahren wollte, ob er die Zeit als Hehler hinter sich lassen würde und wie es mit ihr selbst weitergehen würde.

»So ein hirnrissiger Blödsinn«, donnerte Britta, dass ihr Rollstuhl beim Mittagstisch förmlich einen Satz nach hinten machte. »Du wirst das doch nicht glauben, was die sagt?«

»Aber sie hat mir einige Sachen aus meiner Kindheit gesagt, die sonst niemand weiß«, beharrte Waltraud auf der Qualität von Valeries Aussagen.

»Und was bitte?«

»Das mit einer Krankheit, zum Beispiel, ich möcht' darüber jetzt nicht im Detail reden.«

»Wahrscheinlich hat sie dir tief in die Augen gesehen und gedacht, die hat sicher Feuchtblattern gehabt. Lächerlich!«

»Um so was ist es nicht gegangen, das waren schon ärgere Sachen, die nicht jeder hat. Und dann das mit der Mutter ...«

»Was war mit der wieder?«

»Na, dass sie gestorben ist.«

»Das ist meine auch, jetzt lass es gut sein.«

Es ging noch eine Weile hin und her, Waltraud wurde auf ihre stille Art sehr bockig und beharrte auf ihrem Erlebnis. Britta, die versuchte ihr das auszureden, kam immer mehr in Schwung und wurde – wie es bei Manikern oft geschieht – aggressiv in ihrem Wunsch, Waltraud zu überzeugen, dass Valerie ein Scharlatan wäre.

»Das ist mir jetzt zu blöd, glaub' doch, was du willst, aber wir zwei reden erst wieder, wenn du zur Vernunft gekommen bist.« Sie betätigte den Hebel auf ihrem Rollstuhl und zischte den Gang hinunter zu ihrem Zimmer. »Die Lust am Essen hast du mir sowieso verdorben.«

»Aber wenn es doch wahr ist«, wandte sich Waltraud nun Hilfe suchend zu Tom, »Sie glauben mir doch?«

»Na ja, man weiß nie, was an solchen Sachen dran ist«, versuchte er einem weiteren Gespräch auszuweichen.

»Valerie hat auch furchtbare Sachen gesagt.«

»Ach so?«

»Ja, dass sich ein Verwandter von mir nie bessern wird und dass ich ihm bald sehr nahe sein werde. Da kann sie doch nur meinen Sohn gemeint haben, einen anderen Verwandten hab' ich ja nicht mehr. Aber ich möcht' nicht in seine Nähe.«

»Das wird auch nicht passieren, jetzt machen Sie sich einmal keine Gedanken.«

Tom glaubte sonst kein Wort von einer Wahrsagerin, bei Patientinnen schon gar nicht, trotzdem war seine Neugierde entfacht. Er wusste, dass die Ergotherapie an diesem Nachmittag eine Gruppenstunde hatte, entschuldigte sich bei Oberschwester Hilde wegen einer Besorgung und huschte hinüber zum Nebenpavillon. Er wollte sich die Dame, die er bisher nur vom Vorbeigehen kannte, einmal genauer ansehen.

Valerie saß in ihrer Ecke und beschäftigte sich mit einer Bastelei. Daneben hatte sie die Karten liegen, aus denen sie in unregelmäßigen Abständen eine einzelne Karte herauszog, umdrehte und betrachtete. Dazu machte sie entweder ein entsetztes Gesicht oder sie wiegte mit dem Anflug eines Lächelns den Kopf.

Tom schaute ihr eine Weile durchs offene Fenster zu. Mit einem Mal drehte sie sich zu ihm um, schnappte mit einem festen Griff die Karten und kam zum Fenster.

»Junger Mann, lassen Sie mich in Ihre Augen sehen.«

Sie hatte nicht die erwarteten dunklen Wahrsageraugen, sondern ganz normale hellbraune. Auch ihr Blick war eher freundlich statt durchdringend, aber auf eine bestimmte Art faszinierte sie Tom und er blieb stehen.

»Sie sind ein glücklicher Mensch«, sagte sie und berührte seine Hand. Die Stimme wurde kryptisch. »Ein großes Ereignis steht ihnen bevor.«

Typisch – der alte Trick. Trotzdem konnte er sich nicht gegen ein starkes Interesse wehren, mehr darüber zu erfahren.

»Und wann wäre das?«

»So eine Frage stellt man dem Leben nicht, junger Mann, die Dinge geschehen, wann sie geschehen müssen, wann die Zeit dafür reif ist.« Sie lächelte und holte Karten aus einer Rocktasche. »Aber ich kann Ihnen helfen, die Zeichen zu entdecken, wie sich alles ankündigen wird ...«

Da der Therapeut gerade anderweitig beschäftigt war, zog sie ihn förmlich zu sich aufs Fensterbrett.

»Also«, fuhr sie mit leiserer und geheimnisvoller Stimme fort. »Ich sehe viel Glück in Ihrem Leben.

Sie arbeiten mit Menschen – eine gute Wahl haben Sie da getroffen, denn es passt zu Ihnen. Und da sehe ich auch eine Frau …«

»Ja«, unterbrach Tom sie darauf ein wenig schroff und löste sich aus ihrem Griff. »Das ist eine Patientin von mir, die sie mit Ihrer Wahrsagerei sehr verstört haben!«

»Valerie, kommen Sie bitte sofort zurück an Ihren Platz!« Es war der Therapeut, der sich dem Fenster näherte. Er war bekannt dafür, dass er Störungen nicht duldete.

Valerie fuhr mit einem geübten Griff über die Karten und ließ sie wieder in der Tasche ihres Rocks verschwinden.

»Es gibt eben Menschen«, sagte sie noch schnell mit einer beleidigten Geste zu Tom, bevor sie sich abwendete und zurück zu ihrem Platz ging, »die vertragen die Wahrheit nicht. Und Ihrer Patientin stehen schwere Zeiten bevor …«

Im Falle von Waltraud hatte Valerie leider anscheinend das Richtige gesagt oder erraten. Für sie lief es in weiterer Folge tatsächlich nicht toll. Zuerst kam die Lebensgefährtin ihres furchtbaren Sohnes Gustl auf die Station. Sie war von Gustl mit dem absurden Ansinnen geschickt worden, ob sie hier arbeiten könne, denn er wolle zumindest eine Vertrauensperson in der Nähe seiner Mutter haben.

Einige Wochen später kam dann der Brief von Waltrauds Sachwalter, dass entschieden worden war, sie vorerst wieder in die Obhut ihres Sohnes als nächsten Angehörigen zu überstellen und nur mehr ambulant in der Tagestherapie zu betreuen.

Es war ein trauriger Abschied, denn mittlerweile war sie ein beliebtes Mitglied der kleinen Gemeinschaft und jeder wusste, was ihr bevorstehen würde.

»Es macht nichts, machen Sie sich kein Kopfzerbrechen«, sagte sie noch zu Tom, der betreten danebenstand. »Ich weiß, Sie haben sicher alles versucht. Aber da kann man halt nichts machen, das Leben ist eben kein Spaß.«

»Na, zumindest sind Sie tagsüber bei uns«, beeilte er sich noch zu sagen.

Es war sicher nur ein Zufall gewesen, sagte sich Tom danach, dass Valerie mit ihrer Voraussagung recht gehabt hatte. Trotzdem musste er immer wieder an ihren Satz, dass ihm ein großes Ereignis bevorstünde, denken. Um nicht dem Wunsch nachzugeben, mehr darüber zu erfahren, ging er in der nächsten Zeit immer sehr rasch an den Fenstern der Ergotherapie vorbei.

Im Paternoster

Herr Probst hatte Geburtstag – er wurde fünfzig und war nun ein halbes Jahrhundert alt. Oberschwester Hilde hatte für ihren Franzl natürlich eine kleine Feier organisiert, an der einige Patienten und das Pflegeteam teilnahmen.

Probst war sehr gerührt und meinte, dies sei nun ein entscheidender Einschnitt in seinem Leben. Er erzählte die Geschichte vom fünfzigsten Geburtstag seines Vaters, an den er sich noch gut erinnere. Damals hatte er es nicht für möglich gehalten, dass jemand so alt werden könne und heute war er es selbst. Er habe deshalb beschlossen, sich nun endlich seinen Ängsten zu stellen und sich von diesen nicht weiter das Leben schwer machen zu lassen.

Alle nickten zustimmend und applaudierten höflich. Niemand nahm diese Ansage wirklich für bare Münze, denn Probst war seit mehreren Jahren als Tagespatient wegen seiner Klaustrophobie und vor allem seiner Angst vor Dunkelheit in Behandlung.

»Sehr lobenswert, Franz«, meinte auch Hilde freudig und überreichte ihm ein schmales Päckchen, eingewickelt in rot-grün gestreiftes Geschenkpapier. »Und diese Kleinigkeit soll dir dabei helfen.«

Probst bedankte sich höflich und öffnete das Paket. Es war das Buch *Die ultimative Einführung in NLP* von Richard Bandler.

»Das ist ein Buch über neue, spannende Methoden, wie man mit seinen Ängsten fertig wird. Da stehen viele nützliche Dinge drinnen, Franz, die dir sicher helfen, einiges zu verstehen«, sagte Hilde dazu.

»Danke, da bin ich schon gespannt und werde es genau studieren«, freute sich Probst und schlug das Buch wieder ins Geschenkpapier ein.

»Ob ein Buch über Ängste für ihn das Richtige ist?«, raunte Tom Melanie zu.

»Ungefährlich«, gab sie ebenso zurück, »er wird es sowieso nicht lesen.«

Sie sollte sich täuschen.

Die Vorgeschichte der Ereignisse klingt recht harmlos und niemand hätte geahnt, was ein so einfaches Geschenk für eine Folge haben würde.

Neuro-Linguistisches Programmieren, kurz NLP, ist eine Technik der Kommunikation, mittels der man Verhaltensmuster ändern kann. Wissenschaftlich nicht anerkannt, kann es unter gewissen Rahmenbedingungen für Menschen mit Ängsten oder Störungen dennoch wirksam sein. Vor allem werden auch Methoden beschrieben, wie man die Therapie bei sich selbst anwenden kann.

Hilde hatte Probst das Buch in der besten Absicht geschenkt, nur leider hat er nach dem Lesen beschlossen, einen radikalen Selbstversuch zu unternehmen.

So kam es zu dem Anruf einer Mitarbeiterin der großen Versicherung, bei der Probst gelegentlich im Archiv aushalf. Sie kümmerte sich um ihn während seiner Tätigkeit und sorgte dafür, dass er danach wieder ordnungsgemäß in seine Wohngemeinschaft fuhr.

»Es geht um Herrn Probst, ich wollte Sie nur informieren, dass er heute den Fahrtendienst zurück in seine Wohnung nicht genommen hat.« Die Stimme der jungen Dame tönte besorgt aus Hildes Telefon.

»Ja, aber warum denn?«, fragte Hilde.

»Ich weiß nicht so genau, er hat nur gemeint, er brauche heute keinen Transport, denn er müsse noch in unsere Hauptanstalt hinein und einmal mit dem Paternoster fahren.«

»Waaas?!« Hilde wurde bleich.

Die Zentrale der Firma war in einem alten Wiener Bürogebäude untergebracht und hatte noch einen der letzten Paternoster in Betrieb. Das sind rundum laufende Aufzüge mit Kabinen ohne Türen, die unablässig langsam auf und ab fahren. Im Uhrzeigersinn geht es links hinauf und rechts hinunter.

»Ja«, sagte das Mädchen von der Versicherung, »er hat mir von einem Buch erzählt, und dass er da etwas ausprobieren muss.«

»Wie lange ist er schon weg?«

»Vor einigen Minuten.«

Hilde stürzte hinaus und rief die Mannschaft zusammen. »Sie, Melanie, halten bitte die Stellung hier. Und Sie ...«, sie deutete auf Tom, »Sie flitzen jetzt sofort mit mir zum Ringturm, der Franz Probst ist gerade auf dem Weg dorthin und will Paternoster fahren. Stellen Sie sich das vor.«

Diese Ansage und Hildes Gesichtsausdruck brachten Tom tatsächlich sofort in die Gänge. Während er in seinen Mantel schlüpfte und neben Hilde die Stiegen hinunter zum Auto lief, erzählte sie ihm in ihrer Aufregung mehrmals von dem Telefonat. Im Auto murmelte sie dann die ganze Zeit »Ich hoffe, wir kommen noch rechtzeitig. Das blöde NLP-Buch, was hab' ich mir dabei nur gedacht, ihm so etwas zu schenken?« und ähnliches vor sich hin.

Nach einer Höllenfahrt und gefühlten vierzig Strafmandaten kamen sie praktisch gleichzeitig mit Herrn Probst beim Ringturm an. Leider hatte er einen winzigen Vorsprung, das heißt, als sie durch die Tür in die Halle stürmten, stand er gerade vor dem Einstieg des Paternosters. Er sah Hilde kommen und hob sofort abwehrend die Hand.

»Nein, lass mich«, sagte er euphorisch, zitterte aber dabei stark mit seinen Händen. »Ich muss das jetzt versuchen, ich muss mich befreien. Es geht, ich hab's in dem Buch gelesen.«

Hilde wollte noch etwas sagen, als sie aber einen Schritt auf ihn zuging, fasste er beherzt den Griff einer gerade durchlaufenden Kabine und schwang sich hinein.

Im selben Augenblick geschahen mehrere Dinge gleichzeitig.

Herr Probst lachte kurz und laut auf, dann begann er aber sofort erbärmlich zu wimmern: »Nein, nein! Es geht nicht! Ich schaff's nicht!«

Der Portier, der lesend in seiner Loge gesessen war, kam heraus, zog die Brauen zusammen und sagte empört: »Jo, wos is'n do los?«

Hilde rang die Hände und drehte sich mit einem Entsetzenslaut zu Tom um. »Um Gottes Willen, ihm wird schwindlig und stürzt aus der Kabine. So machen Sie doch was!«

Tom startete einen Treppensprint. Er wollte versuchen, zu Probst in den Aufzug zu kommen. So schnell er konnte, rannte er die Stufen hinauf, dem Lift nach. Im zweiten Stockwerk sah er Probst gerade noch kreidebleich nach oben verschwinden, im dritten waren es nur mehr seine Beine und im vierten Stock, das war der letzte, entschwand er mitsamt der Kabine alleine im Dunkel des Dachstuhls.

Genau in diesem Augenblick drückte der Portier im Parterre auf den roten Knopf und der Paternoster kam mit einem lauten, schabenden Geräusch zum Stehen.

Tom stand schwer keuchend im obersten Stock vor dem blinkenden Lichtsignal zwischen den beiden Liftschachten. Der Schweiß tropfte ihm von der Stirn.

Einen kurzen Augenblick schwebte eisige Ruhe über der Szenerie, dann kam Probsts verzweifelt zeternde Stimme, irgendwo aus dem Dunkel über Toms Kopf.

»Schwarz, es ist hier so schwarz ...«

»Zu spät, er ist jetzt im Dachboden gefangen«, rief Tom durch das offene Stiegenhaus nach unten zu Hilde.

»Um Gottes willen!« Sie drehte sie sich um und schüttelte den Portier. »Anfahren, schnell, sie müssen den Lift wieder starten. Er steckt im Dach.«

»Jo, do muss i erst den Schlüss'l suchen«, sagte dieser darauf unfreundlich und entwand sich Hildes Griff. »Die Sperre kann nur mit dem Steckschlüssel wieder aufg'hoben werd'n«

Tom suchte inzwischen einen Aufstieg in den Dachraum, worin die Kabine gefangen war. Seitlich des Liftes war eine Tür zu den Büros, die offen stand. Drinnen fand er eine Eisentüre, auf der in großen Lettern *Dachboden* stand. Er hetzte die staubige Bodenstiege nach oben.

Vor ihm war das riesige Treibrad, über das die Kabinen wie Waggons liefen, bevor sie wieder nach unten verschwanden. Nach einer kleinen Klettertour kam er auf die andere Seite und sah durch einen schmalen Lichtspalt in die Kabine zu Probst hinein. Der kauerte völlig verängstigt am Boden. Tom begann ihm leise und ruhig zuzureden und hoffte, dass der Portier den Paternoster rasch wieder in Gang setzten würde, um das Martyrium für Probst zu beenden.

Es dauerte aber fast zwanzig Minuten, bis der Portier den Schlüssel gefunden hatte, mit dem er die Türe zu der Liftsteuerung öffnen konnte.

»Den brauch'n wir jo sonst nie«, rechtfertigte er sich ohne weitere Entschuldigung und ohne sein Suchtempo zu beschleunigen.

Währenddessen redete Tom im Dachstuhl weiter auf Probst ein, der darauf immer mit kurzem Aufschluchzen reagierte.

Endlich gab es ein dreifaches ohrenbetäubendes Tröten und der Lift fuhr wieder an. Schon während des Signals war Tom aufgesprungen und wieder in das Stockwerk drunter gelaufen. Als die Kabine mit Probst auf der Abwärtsseite wieder aus dem Dachstuhl herauskam, sprang er hinein, fasste den Verstörten fest um die Schultern und stieg mit ihm im Stock darunter aus dem Lift.

Probst zitterte, setzte sich sofort auf die Stiege und ließ sich von Hilde, die die ganze Zeit den Portier angetrieben hatte und nun nach oben gelaufen kam, trösten. Nach einiger Erholung und zwei Beruhigungstabletten, die Hilde aus ihrer Tasche kramte und Probst verabreichte, verfrachteten sie ihn ins Auto und brachten ihn heim in seine Wohngemeinschaft.

Es dauerte Tage, bis sich Probst und Hilde von dem Schock erholt hatten. Er gelobte feierlich, nie wieder etwas ohne vorherige Absprache zu versuchen, und sie schwor hoch und heilig niemandem mehr ein Buch zu schenken, das irgendwas mit therapeutischen Themen zu tun hatte.

Und Tom? Der blätterte das Buch durch und fand einige Übungen, die interessant und hilfreich klangen, wagte aber keinen Selbstversuch.

Ein letzter Brief

Tante Rosas Zustand verschlechterte sich zusehends. Tom konnte die bedrückte Stimmung nicht loswerden, die ihn deshalb immer wieder einholte. Seit den Einkäufen in der Stadt verband die beiden fast so etwas wie Freundschaft, die nach ihrem Auftritt bei der Weihnachtsfeier noch enger geworden war. Seitdem unterhielten sie sich oft und Rosa erzählte gern von ihrer Jugend.

Sie war in einer recht begüterten Familie am Land aufgewachsen und eine ihrer Tanten dürfte früher einen Adelstitel geführt haben. Durch den Krieg verlor die Familie jedoch das meiste und bestand seit dem Tod des Mannes nur mehr aus Rosa und ihrer Tochter. Diese besaß zwei Boutiquen und wohnte außerhalb Wiens. Da blieb für ihre Mutter kaum Zeit. Die spärlichen Besuche – mehr als zwei oder drei pro Jahr waren es selten – fielen auch immer sehr kurz aus und der dazugehörige Schwiegersohn kam überhaupt nie.

»Na ja, dafür telefonieren wir jede Woche«, sagte Rosa dann immer und setzte ein wenig traurig hinzu, »wenn ich sie anrufe.«

Trotz ihrer über achtzig Jahre wirkte Rosa agil und nahm es noch mit den meisten der jüngeren

Patientinnen auf. Das änderte sich während eines Nachtdienstes plötzlich. Tom hörte ein Poltern in ihrem Zimmer und klopfte an. Als er keine Antwort erhielt, nahm er den Zentralschlüssel, sperrte auf und sah vorsichtig in den Raum hinein. Rosa lag samt ihrer Decke am Boden neben dem Bett, anscheinend ohne Bewusstsein und in einer seltsam verkrümmten Haltung.

Tom rief den Arzt, der nach einer kurzen Untersuchung den Verdacht auf einen Schlaganfall äußerte und die Rettung alarmierte. In der Intensivstation der Klinik bestätigte sich die Diagnose und Rosa musste einige Wochen im Krankenhaus bleiben. Die Ärzte meinten, es grenze fast an ein Wunder, dass sie überlebt hatte.

Als sie zurückkam, war sie in einem bedauernswerten Zustand. Sie hatte eigentlich nur eine leichte Lähmung an der linken Seite, aber das Sprechen fiel ihr schwer und sie wurde zunehmend verwirrt.

»Danke, dass Sie immer wieder nach mir schauen«, sagte sie eines Abends undeutlich. »Ich bin nur eine Last mehr für Sie.«

»Gar nicht, es macht Spaß mit Ihnen zu plaudern.«

»Lügner …« Sie lächelte schwach. »Es ist kalt.«

»Ich gebe Ihnen noch eine Decke.« Obwohl das Zimmer schon deutlich überheizt war, holte Tom ihr die zweite Decke, die auf dem Sofa lag. »Sie werden sehen, bald wird es wärmer, dann gehen wir wieder im Garten spazieren.«

»Wärmer, ist es denn noch nicht Sommer?«

»Noch nicht ganz, aber bald, es ist Frühling.«

»Frühling?«, sagte sie nachdenklich. »So lange noch bis es warm wird.«

Tom merkte, dass sie in Gedanken bereits wieder ganz woanders war. Er stand vorsichtig auf, um sie nicht zu stören und wollte das Zimmer verlassen. Da setzte sie sich kerzengerade im Bett auf.

»Einen Augenblick noch, bitte ...« Ihre Stimme klang mit einem Mal sehr fest und sie sprach auch deutlich.

»Ja?«

»Können Sie bitte dort neben dem Klavier«, sie deutete auf ihre Kommode, »die erste Lade aufmachen.«

»Gerne.« Tom ging hin und zog die oberste Lade auf.

»Da liegt ein Kuvert, ein gelbes ...«

»Ich sehe es.«

»Würden Sie das bitte an sich nehmen?«

»Möchten Sie es haben? Soll ich es Ihnen bringen?«

»Nein, nehmen Sie es bitte mit.«

»Ja, wozu denn?« Er verstand nicht, worauf sie hinauswollte. Das Kuvert lag verkehrt in der Lade, er nahm es und drehte es um. Auf der Vorderseite hatte

Rosa in ihrer großen spitzen Schrift den Namen und die Adresse ihrer Tochter Eva geschrieben.

»Ich habe den Brief an meine Tochter geschrieben. Könnten Sie ihn bitte für mich abschicken?«, war Rosas Wunsch. »Ich gebe Ihnen auch das Geld für die Marke, nehmen Sie es sich bitte aus meiner Geldbörse, die müsste auch in der Lade sein.«

»Ich mache das selbstverständlich gerne.« Tom schloss die Lade, ohne sich Geld aus der Börse zu nehmen. »Das mit der Marke geht schon in Ordnung. Ich hab' noch eine draußen im Dienstzimmer.«

»Danke.« Sie sank matt aufs Bett zurück.

»Ich gebe den Brief nach meinem Dienst auf.«

»Danke vielmals, ich wollte ihr noch so viel sagen und jetzt ist es doch nur ein Brief geworden ...«

»Über den sich Ihre Tochter sicher freuen wird, aber Sie können das sicher alles auch beim nächsten Besuch mit ihr bereden.«

Sie schaute vor sich hin und Tom hatte das Gefühl, als würde sie ihn nicht mehr bemerken. Leise ging er hinaus und schloss die Türe.

Am nächsten Tag hatte Tom frei. Als er am übernächsten auf die Station kam, empfing ihn seine Kollegin mit einem traurigen Blick.

»Unsere Tante Rosa ist vorgestern am Abend noch gestorben«, sagte sie.

»Vorgestern?«

»Ja, nachdem du weg warst, hab' ich noch einmal nach ihr geschaut, da ist sie im Bett gelegen und hat zum Fenster hinausgeschaut. Und wie ich mit dem Abendessen zu ihr gekommen bin, war sie schon gegangen.«

Schlagartig fiel ihm der Brief ein. Er nahm seinen Arbeitsmantel vom Haken und fuhr in die Außentasche. Da steckte er noch.

»Sie hat mir ein Schreiben an ihre Tochter anvertraut, das hab' ich vergessen. Ich werde es noch schnell aufgeben.«

Die Kollegin winkte ab. »Nicht nötig, du kannst ihn ihr persönlich geben. Rosas Tochter kommt gegen Mittag her, die persönlichen Sachen abholen.«

Es war jedes Mal traurig, wenn ein Zimmer geräumt wurde und die Angehörigen die Überbleibsel eines Lebens holten. Meistens wussten sie nichts damit anzufangen. Dinge, die jemand lange Zeit seines Lebens begleitet hatten, verschwanden in Plastiksäcken oder braunen Kartons und landeten nach kurzer Durchsicht wahrscheinlich auf dem Müll.

In diesem Punkt war Tom von Tante Rosas Tochter überrascht. Sie verstaute die Sachen sorgsam in drei größere Koffer und verwahrte die persönlichen

Gegenstände, wie Ringe oder die Geldbörse, noch extra in kleinen Schachteln.

Sie war diesmal nicht im Business-Outfit, in dem er sie in Erinnerung hatte, sondern einfach in Jeans und Sweater, hatte die Haare achtlos zurückgebunden und ab und zu weinte sie unterdrückt. Sie musste über fünfzig sein, aber ähnlich wie Tante Rosa wirkte sie trotzdem mädchenhaft.

»Möchten Sie sich noch ein Andenken an meine Mutter nehmen?«, fragte sie Tom und deutete auf die noch offenen Koffer.

»Nein, herzlichen Dank, aber ich denke, bei Ihnen sind die Dinge besser aufgehoben.«

»Dann werde ich alles morgen abholen lassen, ich schicke einen Botendienst, der auch gleich die Kommode mitnimmt.«

Die Kommode mit den drei Laden und der Schreibklappe war Rosas einziges Möbelstück gewesen. Manche Dauerpatienten richteten sich ihr Zimmer mit eigenen Möbeln ein, Tante Rosa hingegen war nur mit der Kommode gekommen und hatte im Übrigen nur die Krankenhausmöbel benutzt.

»Ist gut, ich stelle alles im Flur bereit«, sagte Tom und zog jetzt das Kuvert aus der Tasche. »Ihre Mutter hat mir am Tag ihres Todes noch einen Brief für Sie gegeben, der es nicht mehr bis auf die Post geschafft hat.«

Sie nahm den Brief, riss ihn auf und las, wobei sie wieder feuchte Augen bekam. Es musste eine große Anstrengung für Rosa gewesen sein, diese Zeilen nach ihrem Schlaganfall noch zu schreiben, dachte Tom, und versuchte die Tochter nicht zu stören.

»Sie hat große Stücke auf Sie gehalten«, sagte die Tochter, nachdem sie die drei Seiten gelesen hatte.

»Auf mich?« Er war überrascht. »Wir haben uns öfters gut unterhalten oder waren spazieren, aber ich hab' sie ja nur betreut.«

»Nein, machen Sie sich da nicht kleiner, als Sie sind. Sie waren in den letzten Jahren ihr wichtigster Mensch. Und ich bin froh darüber, denn ich bin mit meiner Arbeit so eingespannt und habe über die Jahre so viel verpasst mit meiner Mutter. Sie hat mich ja öfter angerufen und ich nahm mir immer vor, noch alles nachzuholen ...« Sie wischte sich die Tränen ab. »Wer hätte denn gedacht, dass es jetzt so schnell gehen würde? Da tut es gut, zu wissen, dass sie sich nicht alleine gefühlt hat. Ich hoffe nur, sie hat mich nicht gehasst, weil ich so selten gekommen bin.«

»Da kann ich Sie beruhigen, solche Gedanken waren ihr fern und sie hat mit Freude und oft auf dem Klavier gespielt. Dabei hat sie jeden wissen lassen, dass sie es von Ihnen bekommen hat. Auch erzählte sie stets mit Stolz von ihrer geschäftlich so erfolgreichen Tochter.«

»Danke, das zu hören, tut gut.«

Er begleitete sie hinaus. Es war eine Notlüge gewesen, aber was hätte er sagen sollen? Es wäre sinnlos, ihr im Nachhinein ein schlechtes Gewissen zu machen, es würde sie kränken, aber nichts mehr ändern. Das hätte Rosa sicher nicht gewollt.

Am nächsten Tag wurden die Sachen abgeholt. Zwei von der Verwaltung beauftragte Arbeiter kamen, malten das Zimmer neu aus und tauschten die Matratze des Betts.

Tom blickte danach lange in das Zimmer, das klinisch neutral wieder bereit war für einen neuen Bewohner, so als hätte es nie ein Davor gegeben. Er ging hinaus auf die Terrasse und überlegte, ob seine Kinder – falls er einmal welche haben sollte – auch zu beschäftigt sein würden, um ihn zu besuchen, wenn er an Tante Rosas Stelle angekommen war.

Verlassenschaft

»Kommen Sie bitte zu mir, ich habe Post für Sie.«

»Post für mich? Hier auf der Station?«, wunderte sich Tom.

»Es ist ein Schreiben von einem Notar.« Hilde reichte ihm ein Kuvert. »Hier!«

»Was will ein Notar von mir?«

Der schlanke graue Umschlag mit Staatswappen trug seinen Namen und die Adresse der Station. Er kam von einem Dr. Ebert in Unter-Hartenbach, einem kleinen Ort außerhalb der Stadt. Tom kannte den Ort vom Durchfahren und hätte nie gedacht, dass es in so einem Provinznest überhaupt einen Notar geben könnte.

»Ich hoffe doch, Sie haben nichts ausgefressen?«, meinte Hilde noch, freundlich, aber lauernd.

»Zumindest nichts, von dem ich wüsste.«

Er las den Brief, der eine offizielle Vorladung darstellte, begriff aber zunächst dessen Inhalt nicht. Hier stand etwas von *Ladung zum Verlassenschaftsverfahren nach Nothburga Rosammer.*

»Verstehen Sie das?« Tom drehte den Brief zu Hilde, die ihn nahm und nun ebenfalls durchlas.

»Da geht es eindeutig um die Erbschaft von unserer Tante Rosa«, stellte sie fest, nachdem sie den

Text halblaut heruntergeleiert hatte. »Vielleicht brauchen die noch irgendwelche Angaben.«

»Wäre da denn nicht die Verwaltung zuständig?«, versuchte Tom die Sache abzubiegen.

»Schon, aber wenn Sie vorgeladen sind, sollten Sie hinfahren. Sonst bekommen Sie am Ende noch Schwierigkeiten. Hören Sie sich einfach an, was die wollen. Ich hebe Ihnen das Krankenblatt aus, das können Sie mitnehmen, falls Fragen zu beantworten sind.«

Der Tag war knallheiß und die Sonne brannte unbarmherzig auf das Blechdach des Autos, als Tom die enge Straße nach Unter-Hartenbach hineintuckerte. Nachdem das Fahrzeug keine funktionierende Klimaanlage besaß, war er schweißgebadet, als er im Zentrum des Dorfes ausstieg.

Die Adresse des Notariats lag direkt am Hauptplatz, einer Reihe von einstöckigen Bürgerhäusern um einen ehemaligen Marktplatz, der zu einer großen Autostellfläche verkommen war. An die ursprüngliche Verwendung erinnerte noch der ovale Steinbrunnen in der Mitte der Örtlichkeit, an dem nun Kurzparkzonenschilder montiert waren.

Das weiß getünchte Haus des Notars lag eingezwängt zwischen einem Nagelstudio und einem Supermarkt. Tom holte sich noch eine Flasche

Mineral aus dem Geschäft und stürzte die Hälfte des eiskalten Wassers hinunter. Am liebsten hätte er sich den Rest über die Haare gegossen, wäre er nicht in Sakko und Krawatte gewesen.

Das Haus entpuppte sich innen als ziemlich beeindruckend. Die schmale Außenfront täuschte – die Räume gingen weit nach hinten. Abgeteilt durch eine gläserne Schiebwand endeten sie in einem halbüberdachten Innenhof, der zur Privatwohnung des Notars führte.

Bei der Rezeption saß ein junger Mann, der Tom freundlich begrüßte.

»Ich darf Sie nach oben bitten, der Herr Notar hat noch einen Termin.« Er deutete mit der ausgestreckten Hand zur Holztreppe, die ins Obergeschoss führte. »Es dauert noch ein paar Minuten. Möchten Sie ein Erfrischungsgetränk oder Kaffee?«

»Nein, danke, ich bin versorgt«, antwortete Tom und deutete auf die Mineralwasserflasche.

Sie gingen nach oben. Der Vorraum mit hellem Holzboden, einigen Sitzgelegenheiten für Besucher und einem kleinen Tischchen mit Zeitschriften, erinnerte eher an die Ordination eines Arztes als an ein Notariat.

Auf einem der Stühle saß bereits die Tochter von Rosa. Sie erhob sich und kam auf Tom zu.

»Guten Tag«, begrüßte sie ihn höflich. »Es freut mich, dass wir uns wiedersehen und nochmals herzlichen Dank, dass Sie bei Mutters Beerdigung waren.«

»Da war doch Ehrensache«, sagte Tom, »es war mir ein Bedürfnis, mich von Tante Rosa zu verabschieden.«

»Das hat sie sicher sehr gefreut, wo immer sie jetzt sein mag ...«, entgegnete sie. »Ich weiß, dass ich mich nicht genügend gekümmert habe, darum bin ich froh, dass Sie in der letzten Zeit für sie da waren und wir uns jetzt hier wiedersehen.«

»Worum geht es denn eigentlich bei dieser Vorladung?«, nahm Tom die Bemerkung auf, um das Gespräch auf den heutigen Termin zu lenken.

»Es ist die übliche Abwicklung der Verlassenschaft, zu der alle eingeladen werden, die im Testament vorkommen.«

»Soll das heißen, dass ich ...?«

»Genau das heißt es. Meine Mutter hat Sie in ihrem Testament bedacht.«

»Aber wieso? Ich meine, ich möchte mich da nirgends dazwischendrängen oder jemandem etwas wegnehmen.«

»Das machen Sie auch nicht. Meine Mutter wollte das so und ich finde es gut, dass Sie auf diese Weise Ihre verdiente Wertschätzung bekommen.«

Sie sagte das so, als wäre es ganz selbstverständlich. »Ich heiße übrigens Eva und da wir die letzten Menschen sind, die meiner Mutter etwas bedeutet haben, können wir uns gerne *Du* sagen.«

Dr. Ebert kam in den Vorraum, verabschiedete noch den Klienten, der davor bei ihm war, und bat die beiden in sein Büro. Hier war es angenehm kühl, denn zwischen den hofseitigen Fenstern surrte eine Klimaanlage.

Nach einigen Höflichkeitsfloskeln und den Ausführungen, betreffend die rechtliche Lage für das Annehmen oder Ablehnen von Erbschaften, begann die Verlesung.

Tante Rosa hatte ihr Testament ein halbes Jahr vor ihrem Tod aufgesetzt, also einer Zeit, in der sie trotz ihrer achtzig noch voller Energie war. Dennoch musste sie schon eine Vorahnung gehabt haben, sonst hätte sie das Schriftstück nicht aufgesetzt. Tom berührte der Gedanke an Rosa zutiefst und es fiel ihm schwer zuzuhören. Überdies konnte er der raschen, monotonen Sprechweise des Notars fast nicht folgen und kämpfte mit der Müdigkeit des vergangenen Nachtdienstes. Nach einer längeren Passage an ihre Tochter Eva folgte ein Absatz an Tom, indem sie sich für sein einfühlsames Zuhören bedankte. Dann begann die Aufzählung des vorhandenen Vermögens und je länger der Notar las, desto überraschter und wacher wurde Tom wieder – die Liste war lang und eindrucksvoll. Der Nachlass betraf einen beachtlichen Grundbesitz von mehreren Liegenschaften in der Umgebung, eine Forstwirtschaft, die verpachtet war und laufend Einnahmen abwarf. Dann gab es noch ein nicht unerhebliches Barvermögen und ein Haus im Nachbarort.

Wie bescheiden und bodenständig Tante Rosa doch trotz ihres Vermögens gewesen war, dachte Tom, und wie sie sich über das kleine Elektroklavier gefreut hatte, obwohl sie sich locker einen Konzertflügel hätte leisten können. Seine Bewunderung für diese erstaunliche Frau stieg.

Die Aufteilung des Vermögens war kurz. Es gab in der Aufstellung zwei Verwandte – Eva und ein Cousin namens Kurt, der der heutigen Vorladung anscheinend nicht gefolgt war – und Tom. Eva erhielt als einzige Tochter natürlich alles, außer einem Sparbuch, mit dem der Cousin bedacht wurde, und dem Haus im Nachbarort, das ...

Tom glaubte, er hätte sich verhört, als der Notar die Stelle verließ und fragte nach, ob dies wirklich so dort stünde. Der Notar nickte und tippte mit dem Finger auf die Stelle.

»Ganz eindeutig, Irrtum ausgeschlossen. Das Haus soll laut Testament an Sie gehen.«

»Das gibt's doch nicht«, stammelte Tom fassungslos.

Eva legte ihm die Hand auf die Schulter. »Das hat schon seine Richtigkeit«, sagte sie dabei. »Ich habe mir bereits so etwas gedacht und wenn Mutter das gewollt hat, dann ist das für mich in Ordnung.«

Tom wusste nicht, bei wem er sich nun eigentlich bedanken sollte und ob er als Mitglied des Pflegedienstes überhaupt eine Erbschaft annehmen durfte. Er ging nach draußen, um einen klaren Kopf zu bekommen.

Nach einem großen gemischten Eis im Kaffeehaus am Hauptplatz mit Eva, saß er eine Stunde später wieder im brütend heißen Auto und fuhr Richtung der Schwestergemeinde von Unter-Hartenbach – nach Oberhartenbach. Hier befand sich das Haus, das ihm als Erbe zufallen sollte. Vorher hatte ihn der Notar noch informiert, dass man gesetzlich sechs Wochen Zeit hätte, eine Erbschaft anzutreten. Es sei also genügend Zeit zum Überlegen.

Oberhartenbach bestand nur aus einer Hauptstraße zwischen zwei Häuserzeilen. Wieso es sich, im Unterschied zu Unter-Hartenbach, ohne Bindestrich schrieb, erschloss sich Tom nicht. Das Dorf lag auf einer sanften Anhöhe inmitten von Weinbergen, die sich bis zum Horizont hinzogen. Nach wenigen hundert Metern war ein Platz, auf dem die einzige Querstraße einmündete und dahinter standen einige Winzerhäuser.

Das Haus, dessen Adresse und Schlüssel Tom vom Notar zwecks Besichtigung bekommen hatte, war das letzte dieser Winzerhäuser und lag hinter einer Kurve, knapp hinter den Ortstafeln. Wie Eva erzählt hatte, gehörte es früher dem schon seit langem verstorbenen Bruder von Tante Rosa. Nach seinem Tod wurde der dazugehörige Weingarten verkauft und das Haus war einige Zeit verpachtet gewesen. Nun stand es bereits seit zehn Jahren leer.

Es war ein schönes, sehr altes Gebäude mit einem hohen Holztor und rotbraunen Fensterläden, von denen an manchen Stellen die Farbe abzublättern begann. Hinter dem Tor lag ein Vorhaus mit dem Stiegenaufgang zu den Dachkammern, daneben ging es in eine Abstellkammer. Durch den Vorraum kam man in eine große, zentrale Küche und dann weiter in eine Wohnstube. Im Obergeschoss befanden sich zwei geräumige Schlafzimmer und ein Bad mit einem urzeitlichen Badeofen und einer weiß emaillierten Stahlblechwanne.

Von der Stube führten Türen in einen Hof, der an einer Längsseite von einer Mauer und an der anderen von einem Erdhügel mit Obstbäumen begrenzt war. Am anderen Ende des Hofes stand ein kleines Gebäude – das ehemalige Presshaus. Es war tatsächlich wunderschön dort.

Schlagartig fiel ihm Valerie, die Wahrsagerin aus der Ergotherapie, wieder ein. Wie hatte sie doch zu ihm gesagt: »Ein großes Ereignis steht Ihnen bevor!«

Sollte es tatsächlich so sein, dass Karten nicht lügen?

»Das stellt überhaupt kein Problem dar«, zuckte Oberschwester Hilde die Achseln, als Tom ihr von der Erbschaft erzählte. »Das geht hier bei uns niemanden etwas an.«

Die Auskunft, die er davor schon in der Pflegedirektion erhalten hatte, war ebenfalls eindeutig gewesen: Solange ein Patient auf der Station betreut wurde, war es verboten, Geschenke anzunehmen, denn das würde als Missbrauch zum eigenen Nutzen ausgelegt werden. Ein Erbe kann jedoch angetreten werden, wenn es dem Mitarbeiter davor nicht bekannt war und daher zu keiner besseren Behandlung geführt hatte.

»Und wie geht das dann mit meinem Job hier, wenn ich aufs Land ziehe?«, murmelte Tom vor sich hin.

»Sie können das Haus ja verkaufen«, fiel Oberschwester Hilde ein.

»Dazu ist es wahrscheinlich zu spät«, entgegnete er, »nachdem ich mich bereits in die Gegend und die Hügel mit den Weingärten verliebt habe. Es ist traumhaft schön dort draußen.«

»Und zum Hin- und Herfahren ist es zu weit?«

»Ich weiß! Es ist eine gute Stunde mit dem Auto und im Morgenverkehr sicher eineinhalb.«

»Dann müssen Sie sich eben dort was suchen, Krankenhäuser gibt's ja in jeder Gegend.« Für die Oberschwester schien das eine ganz einfache Sache zu sein. Nur Tom wurde das Herz schwer bei dem Gedanken, seine Schützlinge zu verlassen.

Trotzdem rief er am nächsten freien Tag beim Notar an und teilte ihm mit, dass er die Erbschaft antreten würde. Dann begann er lustlos die Spitäler der Region im Internet nach offenen Stellen zu durchforsten.

Oberschwester Hilde sollte recht behalten – fast in jedem Krankenhaus gab es freie Stellen in psychiatrischen Abteilungen. Das Landesklinikum, nicht weit entfernt von Oberhartenbach, kam in die engere Wahl. Es war das genaue Gegenteil von Toms jetziger Dienststelle – klein, überschaubar und ganz modern. Auch die Fotos der Kollegenschaft zeigten durchwegs sympathische Gesichter. Und: Die Oberschwester, die die Station leitete, sah aus wie eine Zwillingsschwester von Hilde.

Er ertappte sich dabei, das als wichtiges Kriterium zu erachten und hätte nie gedacht, dass so eine Zufälligkeit eine Entscheidung beeinflussen könnte. Dennoch, irgendwie fühlte er sich dadurch sofort angezogen und schrieb eine Bewerbung.

Bereits nach zwei Tagen klingelte das Telefon.

»Hier ist das Landesklinikum«, kam es freundlich aus der Leitung. »Wir suchen dringend Kräfte mit Erfahrung in der Psychiatrie und würden gerne ein Gespräch mit Ihnen führen.«

Die folgende Besprechung zwei Tage später dauerte nur eine halbe Stunde. Nach Durchsicht von Toms Zeugnissen und einem Rundgang durch die Station, bot man ihm die Anstellung an und er griff zu.

Abschied

Die restliche Zeit auf der alten Station absolvierte Tom mit schwerem Herzen und hatte den Eindruck, dass auch die Patienten alle besonders aufmerksam waren. An seinem letzten Arbeitstag überraschten sie ihn dann mit einer improvisierten Abschiedsfeier.

»Kommen Sie«, sagte Hilde, die ihren Dienst mit einem Kollegen getauscht hatte, um bei der Feier dabei zu sein, »unsere Leute haben da etwas vorbereitet.«

Sie gingen in den Speisesaal, in dem die Tische mit Kaffee und Kuchen gedeckt waren.

»Für mich?«, fragte Tom ungläubig.

»Natürlich, für wen denn sonst?«

Hilde drückte ihn auf einen Sessel in der Mitte, dann winkte sie und aus dem Flur strömten die Patienten und das Team herein, die offenbar schon heimlich darauf gewartet hatten.

»Wir möchten Sie gerne noch einmal hochleben lassen, bevor Sie gehen und Ihnen für Ihre Mitarbeit danken«, sagte Hilde und Tom hatte den Eindruck, als würde ihre Stimme belegt klingen. »Sie waren immer eine echte und verlässliche Stütze für unser Team. Deshalb eine Kleinigkeit von uns als Erinnerung ...«

Sie zog ein Paket in Geschenkpapier hinter ihrem Rücken hervor und überreichte es ihm. Tom bedankte sich und packte es aus. Drinnen war ein Bilderrahmen mit einer bunten Kollage aus Fotos von seiner Zeit auf der Station – Feiern, Patientenbälle, Ausflüge. In der Mitte war ein Foto von der Weihnachtsfeier mit Tante Rosa am Klavier und ihm dahinter singend.

Er konnte die Bilder gar nicht in Ruhe betrachten, denn schon strömten die Patienten zu ihm hin, um sich ebenfalls persönlich zu verabschieden. Sie überreichten ihm verschiedene selbst angefertigte Bastelarbeiten mit guten Wünschen und kräftigem Schulterklopfen.

»Ich hoffe, die da oben«, so umschrieb Paul die Patienten in Toms zukünftiger Arbeitsstelle, »können wenigstens ordentlich grüßen.«

»Nicht so wie du, Paul«, sagte er darauf und musste ihn spontan drücken. »Da bin ich sicher.«

»Und wenn ihr Tipps für die Gartenpflege braucht, kannst du mich anrufen, ich helfe da gerne.«

»Super, das ist nett«, bedankte sich Tom und hatte für eine Sekunde wieder den Jauchegeruch in der Nase.

»Dort wo Sie hingehen, gibt's wenigstens ein gutes Bier«, sagte Frau Niederl und zwängte sich zum

Tisch. »Ich hab' in der Gegend einmal gearbeitet, die verstehen was vom Brauen.«

Sie überreichte ihm ein bemaltes Bierglas. Da sie Menschen und Berührungen normalerweise nicht ausstehen konnte, verschwand sie wieder in den Flur hinaus und ging zurück in ihr Zimmer. Umso höher rechnete Tom es ihr an, dass sie sich verabschiedet und sich dafür zwischen die anderen gedrängt hatte.

»Leider keine Gelegenheit mehr, Sie mit allen militärischen Ehren zu verabschieden. Also hier, statt eines Ordens ...«, sagte Rostock und drückte ihm etwas in die Hand, das in Seidenpapier eingewickelt war.

Tom wickelte es aus und traute seinen Augen nicht, es war einer von Rostocks geliebten Zinnsoldaten. Ein Reiter im Waffenrock auf einem Pferd, der eine Fahne hoch über dem Kopf schwenkte.

»Ist das etwa ...?«, fragte Tom, sich vorsichtig an die Bedeutung der Figur herantastend.

»Ganz richtig!« Rostock nickte stolz. »Der Fahnenträger des Friedrich Franz von Mecklenburg, meines erbitterten, aber auch ehrenvollen Feindes.«

»Darum wird er«, sagte Tom darauf, »für zukünftige Attacken im neuen Landesklinikum, an prominenter Stelle auf meinem Schreibtisch postiert.«

In Rostocks Augen blitzte es stolz auf. So militärisch hatte Tom noch nie gesprochen.

»Schade, dass uns der einzige vom Pflegeteam verlässt, der das Zeug zum Offizier hätte«, sagte er und legte seine Hand auf Toms Arm. »Es ist immer schwer, einen Kameraden zu verlieren. Also passen Sie auf sich auf. Und wenn Sie Verstärkung benötigen ...«

»Dann weiß ich, wo ich Sie finde!«, vollendete Tom den Satz.

Ohne ein weiteres Wort nickte Rostock, drehte sich um und ging sichtlich bewegt weg.

Tom wickelte die Figur wieder vorsichtig in das Seidenpapier ein. Sie würde einen Ehrenplatz in seinem neuen Zuhause bekommen. Dann sah er sich um, da er in dem Trubel das Riesenbaby Alex vermisste. Er fand ihn schließlich in einer Ecke sitzend und traurig auf den Boden schauen.

»Warum feierst du denn nicht mit uns?«, versuchte Tom ihn aufzumuntern. »Komm, es gibt auch Kuchen.«

»Nein, Alex nicht mag. Alex traurig. Musst weggehen du?«

»Ja, so ist das leider.«

»Kann dir geben meine Cola, wenn du bleibst, bitte ...«

Tom konnte nicht anders – er setzte sich zu ihm in die Ecke. Über die unmittelbare Liebe, die ihm von allen diesen Menschen entgegenströmte, traten ihm Tränen in die Augen. Alex saß daneben und heulte mit.

In solchen Momenten wusste Tom, warum es das Schönste war, diesen Beruf gewählt zu haben.

Zuhause saß er dann eingewickelt in eine Decke noch lange im Wohnzimmer und schaute auf das Bücherbrett neben dem Fernseher. Dort stand hoch zu Ross der Fahnenreiter des Friedrich Franz von Mecklenburg.

Unerschrocken schaute er aus einer anderen Zeit herüber in Toms Leben. Irgendwie kam er ihm wie ein wehrhafter Schutzpatron für alle Patienten vor. Egal wer sie waren, was sie dachten oder welches Schicksal sie hatten – er würde für sie da sein.

Und Tom war stolz, dass er jetzt bei ihm stand.

Ernst Kaufmann, geboren in Wien, studierte Musik und Literatur. Er verfasst Erzählungen, Sachbücher und Kriminalromane. Daneben schreibt er seit vielen Jahren Drehbücher für Film und Fernsehen. Seine große Liebe sind Geschichten aus dem wahren Leben.

Er lebt als freier Schriftsteller in Wien, liebt ausgedehnte Wanderungen mit seinen Hunden, hört mit Vorliebe Jazz und hat ein Faible für alte Autos.